Pierre Stutz

Ein Stück vom Himmel

W0033363

Zum Autor

Pierre Stutz, Theologe, spiritueller Begleiter, Autor vieler erfolgreicher Bücher zu einer Spiritualität im Alltag, langjährige Erfahrung in Jugendseelsorge und Erwachsenenbildung, Ausbildung im Sozialtherapeutischen Rollenspiel, rege Kurs- und Vortragstätigkeit im ganzen deutschsprachigen Raum, lebt in Lausanne. Im Internet: www.pierrestutz.ch

Pierre Stutz

Ein Stück
vom Himmel

Mit 7 Schritten zu mehr Lebensfreude

HERDER

FREIBURG · BASEL · WIEN

HERDER spektrum Band 7209

MIX
Papier aus verantwor-
tungsvollen Quellen
FSC® C083411

Neuausgabe 2017

11. Gesamtausgabe

Titel der Originalausgabe: Ein Stück Himmel im Alltag.
Sieben Schritte zu mehr Lebendigkeit

© Verlag Herder GmbH, Freiburg im Breisgau 2000
Alle Rechte vorbehalten www.herder.de

Umschlaggestaltung und -motiv:
Designbüro Gestaltungssaal

Herstellung: CPI books GmbH, Leck
Satz: Arnold & Domnick, Leipzig

Printed in Germany

ISBN 978-3-451-07209-3

Inhalt

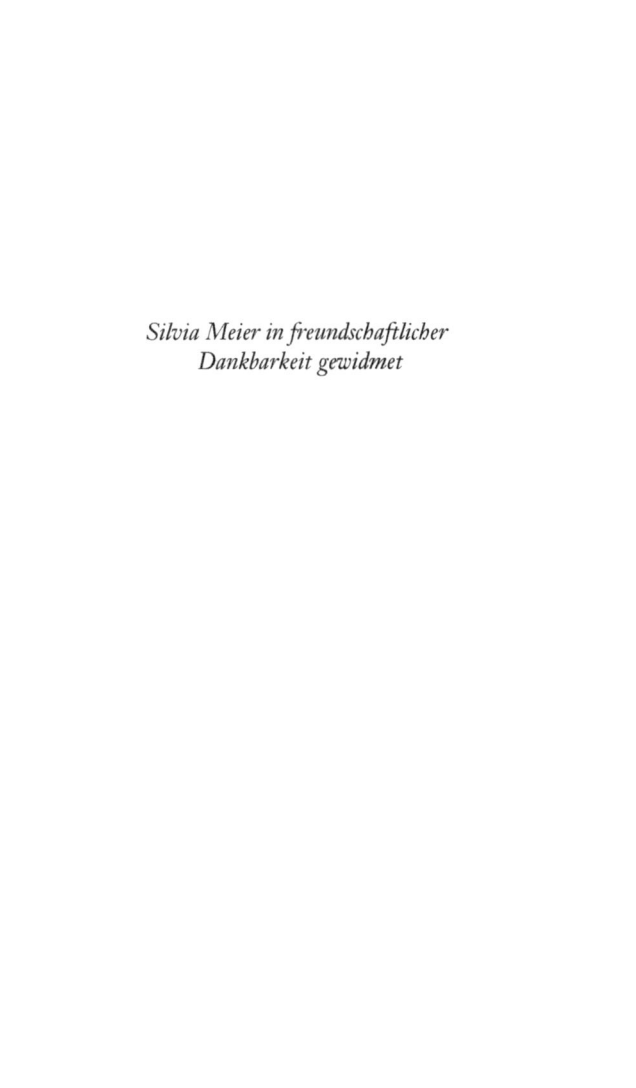

Silvia Meier in freundschaftlicher
Dankbarkeit gewidmet

 # Vorwort

„Ziemlich beste Freunde" (2011) heißt der französische Film, der in vielen Ländern Millionen von Menschen berührt hat. Ich gehöre auch zu ihnen. Die Begegnung von Philippe, der vom Hals abwärts gelähmt ist, mit dem charmanten Großmaul Driss, der ihn pflegen wird, ist voller Menschlichkeit und voller Überraschungen. Dieser Film bestärkt mich zur Lebendigkeit, weil ich lachen und weinen kann und weil er mich ermutigt, auch in der Härte des Lebens Mitgefühl und Humor zu wagen. Die sieben Schritte zur Lebendigkeit, die ich in diesem Buch entfalte, erzählen von dieser Weite und Tiefe. Sie bestärken uns, die Verabredung mit der Fülle des Lebens nicht auf später zu verschieben, damit unsere Lebendigkeit mitten im Auf und Ab des Lebens wachsen und reifen kann:

Lebendig werden wir, wenn wir Freundschaft wagen und in der Verschiedenheit auch das Verbindende entdecken.

Lebendig werden wir, wenn wir uns schützen und uns wehren können.

Lebendig werden wir, wenn wir kraftvoll und verletzlich bleiben dürfen.

Lebendig werden wir, wenn wir Verbündete suchen, mit denen wir kämpferischgelassen mitwirken an einer zärtlichgerechteren Welt.

Möge dieses Buch uns auch erinnern, dass eine innere göttliche Quelle uns erwartet. Sie lässt uns einfach sein ...

Pierre Stutz

Weggedanken

Ein spiritueller Mensch ist für mich ein Mensch, der einübt, sich selbst zu lieben, um sich und seiner Geschichte gerecht zu werden. So entdecke ich die Quellen meiner eigenen Lebendigkeit, die Gott seit meiner Geburt in mir angelegt hat. Sie lassen mich den Rhythmus meines eigenen Lebens finden. Einen Rhythmus, den ich durch die Schöpfung erfahren kann, im Sein, Empfangen und Weitergeben. Nur so kann ich mit einem langen Atem der Hoffnung mitgestalten an einer gerechteren Welt.

Zwei grundlegende Erfahrungen prägen dieses Buch:

In zahlreichen Vorträgen habe ich seit dem Erscheinen meines Buches „Alltagsrituale. Wege zur inneren Quelle"[1] mitgeteilt, was ich unter einer *Alltagsspiritualität* verstehe. Dabei bin ich dem spirituellen Hunger und Durst vieler Menschen begegnet, die sich im Einklang mit sich selbst vermehrt für eine zärtlichere Welt einsetzen möchten.

Und: Mein Rückzug ins 30-tägige Schweigen, wo ich in einer Gruppe als Teilnehmender ignatianische Exerzitien erlebt habe, die mich mit meinem eigenen Lebensdurst und meinen Verletzungen in Berührung gebracht haben. Eine herausfordernd-wohltuende Erfahrung, die mich bestärkt, der Kraft des Augenblicks noch mehr zu trauen.

Damit ist die Spur für einen spirituellen Weg zu mehr Lebendigkeit klar ausgedrückt. Einerseits ist es das Sich-Hineinbegeben in Begegnungen und damit in die Faszination und die Widersprüchlichkeiten unseres Lebens. Und andererseits ist das Loslassen, das Einüben des Schweigens, um meiner tiefen Sehnsucht nach Gott im Vertiefen meiner Erfahrungen mehr Raum zu verleihen.

Zudem nehme ich wieder all die Erfahrungen meiner spirituellen Begleitungen in unserem „offenen Kloster" mit in mein Schreiben. Diese bereichernde Aufgabe lässt mich Mitsuchender sein und führt dazu, immer auch neue Bücher zu lesen: eine meiner Leidenschaften, die in die folgenden Kapitel einfließt. Wenn ich darum einigen Zitaten ausführlich Platz einräume, so tue ich dies aus Dankbarkeit den Autorinnen und Autoren gegenüber. Was ich hier zusammengetragen habe an Texten und Gedichten, ist auch ein Ausdruck meiner Art der Begleitung in Einzelgesprächen und in Kursen. Ich verweise oft auf andere Bücher und gebe einen kleinen Textabschnitt mit auf den Weg. Darum ist auch dieses Buch ein Wegbuch, in dem jede und jeder aufgerufen ist zu vertiefen, was im Moment ansteht – um so mehr Lebendigkeit zu erfahren. Dies gilt genauso für die chassidischen Geschichten, die Ausschnitte aus Songs und die Aussagen von FilmschauspielerInnen und -regisseuren. Sie sind Ausdruck meiner weltoffenen Spiritualität, die ich auch im Angerührtsein durch Kultur erfahre. Ich will niemanden vereinnahmen: Aber meine Faszination für den Film lässt mich mehr Mensch werden, und dies ist für mich ein spiritueller Vorgang. Menschwerdung, die für mich geschieht im Entfalten meiner Fähigkeiten und im Annehmen meiner Grenzen. Ohne den Dialog ist dies nicht möglich. In dieser dialogischen Kommunikation erlebe ich auch, dass Gottes Geist weht, wo er will.

Am Ende jedes Kapitels finden sich praktische Impulse als Ermutigung zu einem ureigenen Weg. Ich nenne sie „Himmelsleitern zum Alltag", inspiriert von der Erzählung im Buch Genesis, in der Jakob von einer Leiter träumt, „deren Spitze den Himmel berührte. Und siehe, Engel Gottes stiegen daran auf und nieder" (Genesis 28,10–21). Das ist ein kraftvolles Bild, das mich in meinen Alltag verweist. Im Auf und Ab meines Lebens darf ich vertrauen, ein Stück Himmel zu erfahren. Für Jakob öffnet sich der Himmel nicht, weil er besonders fromm war; ganz im Gegenteil. Kurz vor dieser Begebenheit wird erzählt, wie er seinen Bruder Esau überlistet hat. Es ist also mitten in seinem Fragen und angesichts seiner Grenzen, dass er durch diesen Traum das Getragensein im „Alltagsdschungel" spürt. Diese Erfahrung des Getragenseins bringt Jakob, der vor allem auf seinen Vorteil bedacht war, später zum Teilen, zur Solidarität. Eine hoffnungsvolle Geschichte, die wir nicht Jakob allein überlassen dürfen. Auch ich kann sie auf meinem Lebensweg erfahren, wenn ich nicht allzu weit suche und vermehrt auf die Stimme meines Herzens horche. Im Wahrnehmen dessen, was meiner Seele gut tut, eröffnet sich mir ein Stück Himmel im Alltag. In diesem Sinne verstehe ich die verschiedenen Impulse als Anregungen, aus denen die LeserInnen eine auswählen mögen (weniger ist mehr!), um sie in Auseinandersetzung mit der eigenen Geschichte zu vertiefen, zu verändern, weiterzuführen.

Danken möchte ich all den Menschen, denen ich begegne und die mich ermutigen, neue Worte zu finden für die uralte Botschaft vom sympathischen Gott, der uns zur Menschenfreundlichkeit und zum achtsamen Umgang mit der Schöpfung anstiftet. Dankbar bin ich für das Getragensein in der Gruppe der 30-tägigen Schweigezeit, besonders den beiden Begleitern Bruno Fuglistaller und Jean Rotzetter.

Besonders danke ich Marcel Laux für seine vielfältigen Unterstützungen und kreativen Anregungen und Gabriele Hartlieb vom Verlag Herder für ihre wohlwollend-kritische Lektoratsarbeit.

Möge dieses Buch die eigene Lebendigkeit fördern und zum Teilen ermutigen. Dadurch eröffnet sich uns ein Stück Himmel – im Hier und Jetzt.

I.
DA-SEIN KÖNNEN

Rabbi Mosche Löb sprach:
„Ein Mensch, dem nicht an
jedem Tag eine Stunde gehört,
ist kein Mensch."[2]

Eine große Sehnsucht lebt in mir. Ich möchte mehr darauf vertrauen können, dass mein Wert aus meinem SEIN entspringt. In unzähligen Vorträgen habe ich während der letzten zwei Jahre diese Worte ausgesprochen. Jedes Mal lösten sie bei mir und den Zuhörenden Aufatmen, Betroffenheit, Verunsicherung, Hoffnung aus.

Unglaublich, was einige Worte bewirken können.
Unglaublich, wie schwer sie in die eigene Existenz umzusetzen sind.
Unglaublich, wie sie mich nicht mehr loslassen.

Mein Wert entspringt aus meinem Sein

„Halt an, wo läufst du hin? Der Himmel ist in dir! Suchst du Gott anderswo, du fehlst ihn für und für." *Angelus Silesius* [3]

Dies ist meine Erfahrung, in diesen sechs Worten der Überschrift verdichtet sich meine Lebensgeschichte, meine Sehnsucht und meine Unfähigkeit, lebendiger zu werden. Meine Gottessuche bringe ich damit auf den Punkt. Meine Ermutigungen, bewusst einen spirituellen Weg zu gehen, leben von diesem Fundament.

Vor sieben Jahren war ich gezwungen, meine Arbeit als Jugendseelsorger aufzugeben. Burnout! Ich war völlig erschöpft.

Zu sehr definierte ich mein Leben allein durch mein Tun, meine Leistung. Zu sehr suchte ich außerhalb, was schon seit meiner Geburt in mir angelegt ist: die göttliche Quelle, die meinem Leben Sinn gibt.

Vor allem Tun den Himmel in mir entdecken! Wie ist das möglich? Wie kann eine solche Wandlung geschehen? Wie vertrauen, dass ich durch mein Sosein, mein Bei-mir-Sein angenommen und geliebt bin?

Im Wachhalten dieser Fragen liegt die Spur zur Lebendigkeit. Da, wo ein für allemal alles klar ist, da verliere ich meine Beweglichkeit, meine Offenheit, mich all-täglich von Gott berühren und bewegen zu lassen. Ich möchte mitteilen, welche Schritte ich gegangen bin, um diese Hoffnung zu verwirklichen in meinem Leben. Ich möchte mitteilen, welche Spur sich bei mir durch die vielen Begegnungen mit suchenden Menschen abzeichnet. Denn dies ist die erste wohltuende Erfahrung, die ich machen durfte: Ich bin nicht allein mit meiner Sehnsucht und meinem Schmerz. Als ich vor sieben Jahren in meinem Buch „Vom Unbegreiflichen ergriffen. Mystische Lebenserfahrungen"[4] erstmals von meiner Not sprach, mich selber lieben zu können, war die Angst vor Ablehnung sehr groß. Noch einige Wochen vor dem Erscheinen des Buches wollte ich beim Verlag den Druck stoppen. Panik ergriff mich. Wer wird noch mit mir reden? Werde ich noch für Kurse und Begleitungsgespräche angefragt, wenn ich selbst so viele Fragen habe? Wird mein Freundeskreis mich verstehen, wenn ich von meiner Verunsicherung, meiner versteckten Ohnmacht, meiner Verletztheit spreche?

Das Gegenteil meiner Befürchtungen trat ein. Aus dieser Krise entstand ein offenes Klosterprojekt, in dem sich bis heute suchende Menschen jeden Alters einfinden. Frauen und Männer, die mit ihrer Hoffnung, lebendiger werden zu können, nicht länger alleine bleiben wollen. In unserer christlichen Tradition geht es immer noch darum, die Selbstliebe hineinzuholen in die Spiritualität. Dies ist weder ein Egotrip noch Luxus von Menschen in den westlichen Industrieländern (obwohl eine solche Einseitigkeit entstehen kann). Denn es geht nicht darum, eine individualisierte Innerlichkeit zu fördern, sondern um die Grundlage dafür, klarer, selbstbewusster, entschiedener im Leben zu sein. Letztlich ist dies ein höchstpolitischer Akt! Politisch sein verstehe ich vom griechischen Ursprung des Wortes her, was die Stadt betrifft – d.h., es geht um meine unmittelbare Umgebung, die in einem größeren Zusammenhang gesehen werden muss. Darum fängt für mich die Politik beim Zähneputzen an! Wie viel Wasser ich fließen lasse beim

Zähneputzen, wo ich meine Zahnbürste einkaufe, wie ich mit der Verpackung umgehe, sind für mich politische und zugleich spirituelle Fragen. Denn auch in der Spiritualität geht es um die Frage nach dem Ganzen. Antwortversuche finde ich in den kleinen alltäglichen Lebensvollzügen, im Einüben eines bewussten Lebensstils.

Wir brauchen in unserer entsolidarisierten Gesellschaft, in der die Gleichgültigkeit und Vereinsamung zunimmt, ein Neuentdecken der Solidarität: eine Kultur des Mitfühlens und des Teilens. Sie wird sichtbar in Menschen mit Rückgrat, mit Zivilcourage, die aus ihrer inneren Mitte, aus dem Sein, aus Gott heraus ihr Leben mit anderen gestalten.

Den Weg zu mehr Lebendigkeit gehen wir jedoch nicht in wenigen Wochen. Die Erkenntnis, eine andere Motivation als Leistung, Autoritätsgläubigkeit, Fremdbestimmung für die eigene Lebensaufgabe zu finden, kann sich nur in der tiefen Annahme unserer selbst, unserer Gaben und Grenzen, unserer Geschichte ereignen. Unsere Gesellschaft braucht in ihren sozialen, wirtschaftlichen, kulturellen, politischen und spirituellen

Dimensionen Menschen, die vorerst den Himmel in sich selber entdecken und sich entfalten lassen. Um dann aus dieser inneren Freiheit heraus mutig die Würde eines jeden Menschen und die Achtung vor der ganzen Schöpfung hochzuhalten. Erste Schritte auf diesem Weg zur Menschwerdung fangen für mich beim *Dasein* an. Denn Menschsein, ich selbst sein ereignet sich, wenn ich mich freue an meinen Gaben und wenn ich lerne, meine Grenzen anzunehmen. Beides ist wichtig, um ich selbst zu werden und meine Lebensaufgabe entfalten zu können.

Die Schüler führten eine hitzige Diskussion
über die Ursache menschlichen Leidens.
Einige sagten, Selbstsucht sei die Ursache,
andere Selbsttäuschung, wieder andere,
Unfähigkeit, das Wirkliche vom Unwirklichen
zu unterscheiden.
Als der Meister gefragt wurde, sagte er:
„Alles Leiden kommt von der Unfähigkeit des
Menschen, still zu sitzen und allein zu sein."
Anthony de Mello[5]

Da-sein können, im JETZT sein können. So einfach! So unendlich schwierig! Dasein, mit sein, in Beziehung sein mit sich, den anderen, der Schöpfung und dem ganzen Kosmos gehört wesentlich zur eigenen Sinnfindung. Um unser ungelebtes, behindertes, blockiertes Leben befreien zu lassen, braucht unsere Seele Entfaltungsräume. Sich selbst zu lieben, beginnt mit dem Da-sein-Können. Mystische Menschen öffnen uns die Sicht für diese Verheißung. Das Wort ‚Mystik‘ stammt vom griechischen Verb ‚myein‘: die Augen schließen, nach innen schauen, innehalten. Nicht um dadurch mich zu entfremden von den anderen und von meiner Welt. Ganz im Gegenteil: um den tieferen Grund der Verbundenheit zu spüren. Da-sein können, um in Berührung zu kommen mit der großen Verheißung, vor allem Tun schon anerkannt zu sein. Denn der große Segen Gottes ist mir vom ersten Moment meines Lebens geschenkt. Mag diese göttliche Quelle in mir durch widerwärtige und menschenverachtende Ereignisse, durch unerklärliches Leiden zugedeckt sein, sie lässt sich entdecken. Ein spiritueller Mensch lebt aus dieser verrückten Hoffnung. Aus dem Vertrauen, dass jeder Mensch den Zugang zum Himmel in sich finden wird. Dazu braucht es das Einüben des Schweigens, des Daseins. Dies ist kein Privileg weniger Menschen, sondern bleibt Lebensaufgabe einer jeden und eines jeden von uns. Sie gilt auch für Menschen, die in größter Armut leben. So erhalte ich beim Schreiben dieser Zeilen den ersten Rundbrief von Bettina Flick, die seit sechs Monaten als Theologin in La Paz, Bolivien, arbeitet. Bettina lässt mich die „vielen Gesichter der Armut" erkennen, erinnert mich an meinen großen Hunger und Durst nach Gerechtigkeit, der identisch ist mit meiner Hoffnung, mich mehr lieben zu können. Auf die Frage, was wir konkret gegen diese Not tun können, schreibt Bettina: „An erster Stelle steht die Förderung des Selbstbewusstseins und des Selbstvertrauens. Nur selbstbewußte BolivianerInnen können die Situation ihres Landes verbessern ... wir wollen die Menschen begleiten, damit sie kritische Menschen werden, die die Politik und die Wirtschaft ihres Landes mitbestimmen können, die sich Gedanken über die Zukunft machen und hoffentlich eigene Wege finden, aus der Not herauszukommen. Unser Mitleben mit ihnen im Stadtviertel soll ihnen Mut machen und aufzeigen, dass Gott mit ihnen ist, mit ihnen leidet, ihnen aber auch die Kraft gibt, neue Wege zu gehen, hin zu einer gerechteren Welt."

Wenn ich von Da-sein spreche, von der Ermutigung, lebendiger zu werden und an der eigenen Lebensgeschichte aktiv mitzugestalten, davon, ich selbst zu werden, dann tue ich es in dieser großen Verbundenheit. Es gibt nur eine Welt. Wenn ich mich in diesem Sinne im Da-sein einübe, dann trage ich bei zu mehr Gerechtigkeit. Sie beginnt, wenn ich zunächst mir selber, meiner Geschichte, meinem Sosein gerecht werde. Nur so kann ich auch glaubwürdiger und mit Selbstbewusstsein aufstehen für das Leben, zum Beispiel im Sammeln von Unterschriften für den Schuldenerlass, im fairen Einkaufen, in ökologischer Achtsamkeit. Da-sein heißt Mitsein. Diesen unauflöslichen Zusammenhang habe ich bei Mystikerinnen wie Hildegard von Bingen und bei Mystikern wie Johannes Tauler und Johannes vom Kreuz gelernt. Sie ermutigen mich bis heute, echtes Da-sein einzuüben, in dem ich „Gott in allen Dingen finde" (Ignatius von Loyola)[6].

Sich selber annehmen

Die Seele verhökert
alles sinnentleert
keine innere Heimat
keine Heimat mehr ...
Herbert Grönemeyer[7]

Christliche MystikerInnen sind WegbegleiterInnen
für mich, weil sie aus der Leidenschaft lebten und
leben, die Vereinigung mit Gott zu erfahren. Dies
geschieht nicht nur in besonderen Erfahrungen wie
Visionen, Entrücktsein, Versenkung, sondern auch
mitten im Alltag. Darum dürfen wir diese Sehnsucht des Verwurzeltseins, der inneren Heimat in
Gott nicht den großen MystikerInnen überlassen.
Mit Dorothee Sölle betone ich, dass wir alle aufgerufen sind, mystische Menschen zu werden: „Ich
versuche hier, die mystische Erfahrung zu demo-
kratisieren, das heißt, sie nicht als eine elitäre Ange-
legenheit weniger Auserwählten zu verstehen, sondern als etwas, das ‚allen in die Kindheit scheint',
wie Ernst Bloch im berühmten letzten Satz seines

Buches ‚Prinzip Hoffnung‘ sagte, ‚und in dem noch keiner war: Heimat‘ ... Der erfüllte Augenblick teilt dem Kind unmittelbar mit: Gott ist hier. Der reine Strom lebendigen Wassers ist auch für mich da. Jetzt und hier bin ich verbunden mit dem großen, dem ganzen Leben. Ich bin ein Teil eines Ganzen und nicht zerstörbar, das Innere Licht leuchtet auch in mir ... Mystik ... ist durchaus als Ermutigung gedacht, die eigenen Erfahrungen ernst zu nehmen, sie aufzubewahren, sie zu ‚rahmen‘, wie wir es mit einem uns wichtigen Foto tun.“[8]

Unmittelbare Erfahrungen, in denen wir zutiefst berührt sind und Raum und Zeit wie aufgehoben erscheinen, bringen Mystikerinnen und Mystiker in Verbindung mit der Ermutigung, dadurch sich selber besser kennen lernen zu können. Meine Betroffenheit, mein Staunen, mein Ergriffensein und sogar meine Fehler, meine Widersprüchlichkeiten weisen mir den Weg zur Selbsterkenntnis. Dieser innere Prozess lässt mich Gott in mir erahnen. Die Suche nach sich selbst ist für eine Mystikerin und einen Mystiker immer auch die Suche nach Gott. Teresa von Avila sagt es in aller Klarheit: „Gotteserkenntnis ist ohne Selbsterkenntnis nicht möglich." Wohltuend ist dabei das positive Menschen- und Gottesbild. Ich kann ich selbst werden, weil ich vor allen Ansprüchen alltäglich den Zuspruch erfahren darf, angenommen zu sein. Dies ist der tiefste Grund meines Daseins: im Grund meiner Seele Gott zu erahnen, der in mir wohnt und wirkt. Weil diese Wirklichkeit schwer mitzuteilen ist, wählen mystische Menschen Bilder und Symbole, um anschaulich werden zu lassen, was unsehbar ist. Im Folgenden entfalte ich einige mystische Grundaussagen, die ich in Gesprächen immer wieder einbringe und die ich gerne mit einfließen lasse in meine Meditationen. Es sind Aussagen von MystikerInnen verschiedener Jahrhunderte bis in die heutige Zeit – lassen wir uns von ihnen inspirieren:

Symeon der Neue Theologe (949–1022) sagt, dass Gott sich schauen lässt und doch unsichtbar, unfassbar ist. Er gebraucht dafür häufig den Vergleich mit der *Sonne*. Ihre Strahlen können wir sehen, doch wir würden erblinden, wenn wir sie direkt anschauen könnten:

> „Sie sehen den nicht, der alles erfüllt,
> und sehen ihn doch auf unsichtbare Weise
> wie einen einzigen Sonnenstrahl,
> und weil er für sie faßbar ist, erreichen
> sie den, der von Natur aus unfaßbar ist.
> Denn was ich sehe, ist der Strahl, die Sonne
> jedoch sehe ich nicht."[9]

Mich erinnern diese Worte an die Ausstrahlung von uns Menschen. In der Güte, dem Lachen, dem Wohlwollen eines Menschen scheint Gott durch. Darum suche ich das Göttliche in allen Begegnungen.

Hildegard von Bingen (1098–1179) betont immer wieder, dass Gott *Atem*, Lebendigkeit ist:

> „Ich bin der lebendige Hauch im Mensch,
> eingesenkt in das Zelt von Mark und Adern,
> von Gebein und Fleisch.
> Ich bin es, die diesem Zelte Wachstum gibt
> und es in allen seinen Bewegungen trägt."[10]

Darum hat sie keine Mühe, von einem zärtlich-sinnlich-bewegenden Gott zu sprechen, der „atmet, in allem was lebt". Es hat mein Leben verwandelt, als ich während rund drei Jahren eingeübt habe, wirklich zu atmen! Es ist unglaublich: Als Kind musste ich folgendes Gebet auswendig lernen: „Atme in mir, heiliger Geist" – doch erst mit 40 habe ich entdeckt, dass dies mit meinem Atem zu tun hat. Hildegard von Bingen und einer Atemtherapeutin verdanke ich diese spirituelle Sicht meines Atems, die mich mit der ganzen Schöpfung und dem ganzen Kosmos verbindet.

Mechthild von Magdeburg (1210–ca. 1280) spricht von Gott, der uns Menschen immer berührt:

> „Gott hat an Dingen genug:
> Nur allein die Berührung der
> Seele wird ihm nie genug."[11]

Berührtsein durch das Lächeln eines Kindes, das Singen eines Vogels, das Weinen, das Umarmtwerden sind für mich mystische Erfahrungen. Betroffensein von der Not eines Menschen, Mitfühlen und Mitleiden sind für mich spirituelle Erlebnisse, weil ich darin die Berührung Gottes ertaste.

Meister Eckhart (1260–1329) erzählt vom *Seelenfünklein*, der Kraft im Menschen, die trotz allem an das Gute im Menschen glaubt:

> „Es gibt eine Kraft in der Seele, die spaltet das Gröbste ab und wird mit Gott vereint: das ist das Fünklein der Seele."[12]

Das erfahre ich, wenn in einer angespannten Stimmung, in einer ausweglosen Situation ganz unerwartet ein Hoffnungsfunke aufscheint. Jeder Mensch hat die Fähigkeit, die Ohnmacht in Hoffnung, die Angst in Vertrauen, die Zweifel in Zuversicht verwandeln zu lassen, wenn er sich einlässt auf den göttlichen Funken in sich, der Wunderbares bewirken kann.

Johannes Tauler (1300–1361) ist geprägt von Meister Eckhart, und er führt seine Botschaft von der Geburt Gottes im Seelengrund weiter. Geh al-

lem auf den Grund, hab Vertrauen und geh zu
Grunde, denn Christus

> „wird zu aller Zeit, ohne Unterlaß
> in uns geboren."[13]

Ich darf in meiner Begleitung oft teilhaben an
dem, was durch Geduld und langes
Ringen und Suchen an neuer Lebensqualität geboren wird. Darin entdecke ich die Geburt Gottes im Menschen, die sich jeden Tag neu ereignet,
denn unser ganzes Leben ist ein Geschenk.

Juliana von Norwich (1342–1416) lässt uns einen
mütterlichen und sinnlichen Gott erspüren:

> „Unsere Sinnlichkeit gründet in der Natur, in
> Mitgefühl und in Gnade.
> In unserer Sinnlichkeit wohnt Gott. Gott ist
> das Mittel, durch das unser Wesen und unsere
> Sinnlichkeit zusammengehalten werden, um
> niemals getrennt zu sein."[14]

Wenn ich die Jahreszeiten bewusst miterlebe, werde ich ein sinnlicherer Mensch. Ich kann mit all meinen Sinnen das Leben kosten und schmecken. An einer Kultur der Zärtlichkeit mitgestalten, wo jedem Menschen Anerkennung und Ansehen geschenkt wird.

Teresa von Avila (1515–1582) lädt zu einem *inneren Gang durch sieben Wohnungen*. Ausgangspunkt ist die Schönheit der Seele: Betrachte sie als eine *Burg*,

> „die ganz aus einem Diamant oder einem sehr klaren Kristall besteht und in der es viele Gemächer gibt, gleichwie im Himmel viele Wohnungen sind."[15]

Die Seele als Burg sehen heißt für mich, sie als inneren, heiligen Raum wahrnehmen, zu dem niemand Zutritt hat, wo ich mich schützen kann, um den Diamanten, den göttlichen Kern in mir zu finden. Teresa spricht auch von der Seele als Gottes Garten und von der inneren Quelle. Das sind Bilder, die mich ermutigen, meine Innerlichkeit zu pflegen und Sorge zu tragen für die göttliche Quelle in mir.

Johannes vom Kreuz (1542–1591), der eindrücklich-bewegend von der *dunkeln Nacht der Seele,* dem Suchen Gottes spricht, singt von Gott als dem Geliebten, der erfahrbar ist in der Schöpfung:

> „Mein Geliebter, die Berge, die einsamen, wal-
> digen Täler, die fremden Inseln,
> die wohlklingenden Flüsse,
> das Pfeifen der verliebten Lüfte!"[16]

Das sind wohltuend-kraftvolle Bilder, die mich zum Genießen und Staunen in der Schöpfung bewegen und zu ökologischer Achtsamkeit.

Angelus Silesius (1624–1677) redet von dem Menschen, der

> *Gottes Gleichnis* ist, Gottes Bild:
> „Was Gott in Ewigkeit begehrn und wünschen
> kann, das schauet er in mir als seinem
> Gleichnis an."[17]

Der Sinn meines Lebens besteht darin, immer mehr so zu werden, wie Gott mich von Anfang an gemeint hat, als sein Gleichnis, sein Abbild. Gott braucht mich als Mitschöpfer und Mitschöpferin.

Thérèse von Lisieux (1873–1897) geht „den kleinen Weg" zu Gott. Sie verwendet dabei das Bild vom *Fahrstuhl*:

> „Auch ich möchte einen Aufzug finden, der mich zu Jesus emporhebt, denn ich bin zu klein, um die beschwerliche Treppe der Vollkommenheit hinaufzusteigen ... Der Fahrstuhl, der mich bis zum Himmel emporheben soll, deine Arme sind es, o Jesus! Dazu brauche ich nicht zu wachsen, im Gegenteil, ich muss klein bleiben, ja, mehr und mehr es werden."[18]

Anstatt auf die großen Wunder zu warten, bietet mir jeder Augenblick die Möglichkeit, Wunderbares in meinem Leben zu entdecken und zu fördern. Es ist darum gerade der Alltag, wo Gottes Weg in mir beginnen kann.

Pierre Teilhard de Chardin (1881–1955) verweist auf die Lebenslust im *Quellgrund der Seele:*

> „Nirgendwo bekunden sich die Priorität des Göttlichen in unserer Vervollkommnung und seine schöpferische Autonomie besser als in der Erhaltung der Lebenslust und des Lebensverlangens im Quellgrund der Seele. Wir vermögen beinahe nichts zu tun, um sie zu beeinflussen: Sie sind das Geschenk des Lebens." (Aus dem Tagebuch, 27. Juni 1916)

Das Innehalten im Alltag, das Schließen der Augen, das bewusste Einund Ausatmen machen mir wieder Lust zum Leben. Selbst aufzuatmen, fördert in mir auch die Lust, mit kreativen Ideen an der Gerechtigkeit und Solidarität mit anderen zu arbeiten. Ein Stück Himmel im Alltag – das Fördern von mehr Gerechtigkeit – wird durch kreative Lust eher erreicht als durch verbissenes Kämpfen.

Edith Stein (1891–1942) erzählt, inspiriert von Johannes vom Kreuz, vom *Geliebten* in kraftvollen Schöpfungsbildern:

„Das Gebirge mit seiner ragenden Höhe und dem Liebreiz seiner duftenden Blumen hat etwas von der Erhabenheit und Schönheit des Geliebten. In Seinem Frieden ruht die Seele wie in einem kühlen und stillen einsamen Waldtal. Eine wunderbare neue Welt geht ihr in der Gotteserkenntnis auf – wie dem Seefahrer in fernen Inselreichen."[19]

Ausruhen können, sich Erholungsräume schaffen, in Park und Garten verweilen: Das sind Zugänge zu Gottes Schönheit.

Madeleine Delbrêl (1904–1964), die als Sozialarbeiterin in einer Vorstadt von Paris lebte, spricht von *Inseln göttlicher Anwesenheit*, die es zu schaffen gilt, damit Gott uns bewegen kann:

„Laß Gott wirken, dann erst wirke du – wenn es dann noch etwas zu wirken gibt." [20]

Mitten in meiner Arbeit kann ich diese Inseln schaffen. Ein Symbol wie eine Kerze, ein schönes Bild, meine Lieblingspflanze können mir helfen stündlich einen Moment innezuhalten, um zu erahnen, dass es nicht nur auf mich ankommt, weil Gott mir immer neu entgegenkommt und mich zur Hoffnung bekräftigt.

Simone Weil (1909–1943), die Philosophin, Gewerkschafterin und Mystikerin, ermutigt, Gott in der Aufmerksamkeit für das Alltägliche zu entdecken. Wir begegnen ihm im Hier und Jetzt:

> „Christus ist unser Brot. Wir können ihn nur für den gegenwärtigen Augenblick erbitten. Denn er ist immer da, Einlaß heischend steht er an der Tür unserer Seele und will eintreten: aber er vergewaltigt nicht die Einwilligung."[21]

Der Kraft des Augenblicks trauen ist faszinierend und schwer zugleich. Unsere Gedanken sind zu oft zu sehr in der Zukunft. Dahinter steckt die Lebenshaltung, immer schon weiter sein zu müssen. Mir hilft darum die tägliche Übung, den Augenblick bewußt zu spüren. Der Atem ist der Schlüssel zu einer solchen entlastenden Lebenseinstellung: dass im Hier und Jetzt das Wesentliche geschieht.

Thomas Merton (1915–1969), der Dichtermönch und Widerstandskämpfer für die Versöhnung im Vietnamkrieg, entdeckt den *Spiegel Gottes* in unserem *Sein,* das sich auch in unserem Handeln zeigt:

> „Wir finden Gott in unserem eigenen Sein, das Gottes Spiegel ist. Aber wie finden wir unser Wesen? Handlungen sind Türen und Fenster unseres Wesens. Wenn wir nicht handeln, haben wir keine Möglichkeiten zu erkennen, was wir sind. Es ist unmöglich, unser Wesen zu erfahren, wenn wir nicht unmittelbar erfahren, was Erkenntnis und was Erfahrung ist. Folglich können wir, wenn wir jeder Tätigkeit entsagen, die Tiefen unseres Wesen nicht ermessen."[22]

Das Zuhören ist für mich eine der vielen Formen des Daseins. Im Gespräch lerne ich mein Wesen, mein Sosein besser kennen. Andere können mir Spiegel sein. Weil Gott in jedem Menschen gegenwärtig ist, erahne ich in Begegnungen auch den Spiegel Gottes.

Ernesto Cardenal (* 1925), der Dichtermönch aus Nicaragua, ist berührt von der Schönheit Gottes:

> „Beim Anblick alles Schönen, eines schönen Menschen, einer schönen Landschaft, sollen wir an die Schönheit Gottes denken, der alles erschaffen hat.

Wir sollen uns uneigennützig daran erfreuen, ohne sie selbst besitzen zu wollen und sie damit Ihm wegzunehmen, weil diese Schönheit ein Tribut an Ihn ist.

> Du lebst für Gott und Gott für dich. Freue dich an aller Schönheit, weil sie ein Lobgesang auf den Geliebten ist und darum auch ein Lobgesang auf Dich. Er ist dein und du bist Sein."[23]

Das Meditieren einer Ikone weist mir den Weg zur Schönheit Gottes, die in jedem Menschen erkennbar ist. Jeden Tag gehe ich auf die Suche nach der Schönheit in jedem Menschen. Diese Suche wird besonders intensiv bei Menschen, die mir nicht sympathisch sind. Es erfüllt mich mit

Lebenssinn, wenn ich auf einmal „schöne Züge und Gesten" in diesem Menschen entdecke. Warum habe ich anfangs nur das gesehen, was mich stört?

All diese verschiedenen Zeugnisse von mystischen Menschen, die durch die Jahrhunderte kraftvoll aufscheinen, zeigen mir Wege auf. Sie erinnern mich an meine Sehnsucht, mehr aus meinem Dasein zu glauben, zu hoffen und zu lieben, weil „Gott für mich lebt" – jeden Augenblick meines Daseins.

Meiner Seele Raum zur Entfaltung geben

Wenn ich mich im Da-sein, im Gegenwärtigsein übe, kann ich lernen, ich selbst zu werden. Meine Seele braucht Entfaltungsräume, um all das Erlebte vertiefen zu können. Um mich selbst verstehen zu können, meine Begeisterung, meine Sprachlosigkeit, meine Freude und mein Beunruhigtsein, mein Vertrauen und meine Wut, meine Ängstlichkeit und meine Zuversicht, brauche ich das Innehalten. Um zu spüren, was in mir vorgeht, was ich fühle, was mich bereichert oder verletzt, was mir zutiefst guttut und was mich verunsichert, brauche ich Distanz zu meinem Alltag. Im Dasitzen, mit geschlossenen oder offenen Augen, schenke ich mir eine Zeit der Vertiefung meiner Alltagserfahrungen, um darin auch den Zugang zum Himmel in mir zu sehen. Dies geschieht in kraftvollen Ereignissen und in Enttäuschungen. Ich nehme wahr, welche Bilder und Gefühle sich mir noch einmal zeigen, und verweile einen Moment darin, um sie dann loszulassen. Thich Nhat

Hanh beschreibt dies so: „Wir müssen noch tiefer in die Natur unserer Gefühle schauen. Jedes Gefühl ist vergänglich. Es kommt, dauert eine Weile und vergeht. Auch wenn wir ein angenehmes Gefühl haben, wissen wir, dass es vergehen wird.

Wenn wir dies erkennen können, werden wir nicht von unseren angenehmen Gefühlen gefangen genommen. Wenn wir ein unangenehmes Gefühl haben und seine vergängliche Natur sehen können, werden wir nicht davon überwältigt ... Wir müssen zu uns, zu unserem Körper und unserer Atmung zurückkehren. Hier in diesem Zustand der Ruhe und des Friedens sind wir in Sicherheit."[24]

Darin liegt die große Herausforderung des Daseins: weder „gefangen genommen" noch „überwältigt" zu sein von unseren Erfahrungen. Aus Angst davor, nehmen wir uns zu wenig Zeit, um in die Tiefe zu gehen. Es soll mich also nicht überraschen, wenn ich beim Dasitzen mit dem Gefangen- und Überwältigtsein konfrontiert werde. Das bewusste Einund Ausatmen ist mir eine Hilfe, behutsam loslassen zu können. In unserem Inneren hat es so viele Räume, dass wir am Anfang dieses Übungsweges nicht erstaunt sein sollen, wenn sie uns fremd oder unbewohnt erscheinen. Es ist normal, dass sich dann in uns ein komisches Gefühl der Verunsicherung, des Verlorenseins breitmacht. Wenn ich darum weiß und es nicht bekämpfe, sondern einfach wahrnehme als einen Teil von mir, dann verliert es schon an Bedrohlichkeit. Große Philosophen haben nicht zufällig immer wieder von dieser Schwierigkeit gesprochen, mit sich selber zu sein – zum Beispiel Blaise Pascal: „Das Unglück des Menschen beginnt damit, dass er nicht im Stande ist, mit sich selber in einem Raum zu sein."

Solche Worte sind mir Lebenshilfe, weil ich mich darin wiederfinden kann und mir gerecht werden kann, wenn ich auch nach jahrelangem Üben immer wieder Momente erfahre, wo mein Dasitzen, mein Nichtstun, mein Verweilen vorerst nicht erfüllend ist, sondern mir bewusst werden lässt, was in mir noch unerfüllt, unerledigt, unaufgearbeitet ist. Im wohlwollenden Annehmen dieser Grenze erfahre ich, wie sich mir unerwartet ein Stück Himmel öffnet. Es geschieht dann, wenn ich meinen Erfahrungen traue, wenn ich von dem ausgehe, was ist. Jesus bringt diese spirituelle Grunderfahrung sogar in Verbindung mit dem Reich Gottes: „Das Reich Gottes kommt nicht so, dass man es an äußeren Zeichen erkennen könnte. Man kann auch nicht sagen: Seht, hier ist es! oder: Dort ist es! Denn: Das Reich Gottes ist schon mitten unter euch." (Lukas 17,21).

Ein spiritueller Mensch ist darum für mich ein Mensch, der alltäglich einübt wahrzunehmen, was ist, um darin Gottes Spur zu entdecken. Ich frage mich also nicht vorerst, was ich noch alles tun müsste, um liebesfähiger, großzügiger, solidarischer, einfühlsamer zu werden, sondern ich werde mich zum Guten verwandeln, wenn ich lerne anzunehmen, was im Moment ist. Dazu braucht es Momente des Schweigens, des Innehaltens, des Spazierens, des Dasitzens. Denn das Wesentliche ist in mir. Die Lösung für all meine Fragen ist in mir. Gott ist in mir, einzig erfahrbar im HIER und JETZT.

Der Kraft des Augenblicks trauen

Gebet besteht nicht in dem Bemühen,
Gott zu erreichen,
sondern darin, unsere Augen zu öffnen
und zu erkennen,
dass wir schon bei ihm sind.
Thomas Merton[25]

Am Ende meiner 30-tägigen Exerzitien im Schweigen habe ich mir nichts vorgenommen außer dem Schwierigsten: mehr im Augenblick zu leben! Denn ich kenne diese Unruhe, die mich besetzen kann, die genährt wird von all den Sätzen, die ich bei mir und anderen höre und die mit „wenn" beginnen: Wenn ich dieses Buch fertig geschrieben habe, wenn ich pensioniert sein werde, wenn ich gelassener sein werde, wenn sich diese Frage gelöst haben wird, wenn dieser Konflikt ausgetragen ist, wenn ich mich in den Ferien endlich erholen kann, wenn die Kinder groß sind, wenn ich mir einen eigenen Raum eingerichtet habe, wenn ...

Natürlich stecken in diesen Wenn-Sätzen auch

all unsere Wünsche, unsere Visionen für eine bessere Zukunft, die ich niemandem nehmen will. Ganz im Gegenteil, ich leide sehr darunter, dass wir in einer so visionsarmen Welt leben. Denn „ein Volk ohne Visionen geht zugrunde" (Sprichwörter 29,18). Die Kraft, in der Zukunft gesellschaftsverändernde Umwandlungen angehen zu können, die finde ich jedoch in der Gegenwart. Die Vergangenheit kann ich nicht mehr verändern. Ich kann daraus lernen und/oder sie annehmen, mich mit ihr versöhnen. Auch die Zukunft liegt nicht in meiner Hand. Die Gegenwart ist der Moment, der mir zur Gestaltung meines Lebens zur Verfügung steht. Der Augenblick ist Geschenk. Im Hier und Jetzt ereignet sich Gott, unfassbar und doch so nahe. Eindrücklich beschreibt der Mystiker des 20. Jahrhunderts, der Dichtermönch und Vietnam-Friedenskämpfer Thomas Merton auch die Gefahr, im Beten immer schon weiter sein zu wollen. Dabei verlieren wir aus dem Blickwinkel, was längst schon ist: Gott, der in uns wohnt und wirkt. Dies gilt auch für die Beziehung zu uns selber und zu andern. Bei mir ankommen, bei mir zuhause sein, in Einklang mit mir selbst sein, kann nur im jetzigen Moment geschehen. Das Schönste und Tiefste, was ich in den dreißig Tagen Schweigen erfahren durfte, war diese Erfahrung. Das Da-sein-Können, im Hier und Jetzt, um darin erst im Nachhinein ganz leise zu erahnen, wie im Annehmen meiner Selbst, meiner Gegenwart, sich mir die Gegenwart Gottes in allen Dingen eröffnet hat.

Eine Erfahrung, die nie zu *haben* ist, sondern nur immer wieder neu werden kann. Dieses Vertrauen ins Da-sein hat uns der Liebhaber der Gegenwart aus Nazareth kraftvoll vorgelebt: „Sorgt euch also nicht um morgen; denn der morgige Tag wird für sich selbst sorgen. Jeder Tag hat genug eigene Plage." (Matthäus 6,34). Doch bevor Jesus von der Kraft des Augenblickes erzählte, lebte er dreißig (!) Jahre im einfachen, stillen Mitsein. Seine tiefe Lebensweisheit ist erfüllt von den brennenden Fragen der Menschen, ihrem Lachen und Weinen, ihren Berührungen und ihren Schreien nach Gerechtigkeit. All diese Erfahrungen ließ Jesus hautnah an sich herankommen, im Da-sein. Sein Vertrauen in die Gegenwart Gottes im Hier und Jetzt ist nicht geprägt von oberflächlicher Sorglosigkeit und naiver Blindheit. Sein Da-sein lebt vom Vertrauen in die Gerechtigkeit, die in jedem Menschen lebt. Denn Gott weiß, „dass ihr all das braucht. Euch aber muss es zuerst um sein Reich und um seine Gerechtigkeit gehen, dann wird euch alles andere dazugegeben" (Matthäus 6,33).

Gerechtigkeit beginnt im Innehalten, um im bewussten Ein- und Ausatmen mir und meiner Mitwelt gerecht zu werden. Im Dasein, im Hier und Jetzt bereite ich meine Zukunft vor. Weil ich dadurch meinen Erfahrungen gerecht werde, mich in andere einfühlen kann, um aus diesen Erlebnissen die nächsten Schritte zu gehen. Mitten im Alltag mir Momente des Innehaltens gönnen, in denen ich spüre, wie das Wesentliche schon da ist, schafft Distanz zu vielen Alltagssorgen und lässt meine kleine Welt in einem größeren Zusammenhang sehen. Darin darf ich vertrauen, dass ich Gott nicht suchen muss, sondern längst von ihm gefunden bin.

Meine Himmelsleiter zum Alltag

DA-SEIN EINÜBEN

Einmal pro Woche wähle ich mir einen Ort aus, an dem ich eine Stunde sitzen kann. Dies kann in meinem Zimmer sein oder im Wintergarten, auf dem Balkon oder an einem Ort draußen im Garten, in einem Park ... Ziel dieser Meditationsform ist es, meine Erfahrungen der vergangenen Woche vertiefen zu können, indem ich Raum schaffe, um die eine oder andere Begebenheit noch einmal in mir hochkommen zu lassen. Es geht also nicht darum, keine Gedanken zu haben, sondern Bilder, Gefühle, Gedanken in mir wahrzunehmen, die mich in den letzten sieben Tagen besonders angerührt haben. So lerne ich mich selbst besser kennen und kann konkret einüben, mich anzunehmen, so wie ich bin, mit meiner Dankbarkeit und meiner Verletzlichkeit, meiner Großzügigkeit und meiner Enge, meinem Stolz und meinem Staunen. In diesem einfach-schwierigen Da-sein erinnere ich mich, dass das „Reich Gottes schon mitten unter uns ist", also auch in mir. Wichtig ist es zunächst nur, da zu sein, das heißt nicht zu schreiben, zu malen, sondern „nur" zu spüren, was in mir vorgeht. Nach einer Stunde kann ich aufschreiben, malen oder im Musizieren ausdrücken, was ich erlebt habe.

Ich sitze gut da und das bewusste Einund Ausatmen hilft mir, innerlich ruhiger zu werden. Ich lege meine beiden Hände auf meine Oberschenkel, um in guter Berührung mit meinem Körper zu sein.

Ich bin nicht erstaunt, wenn Gedanken wie „was soll das Ganze?" – „ich muss das und dies noch erledigen" – „warum soll ich ganz alleine bleiben ..." mich einholen. Ich rechne auch damit, dass ein undefinierbares Gefühl der Einsamkeit sich breitmachen kann, das ich am liebsten fliehen möchte. Dankbar nehme ich auch an, es genießen zu können, einfach da zu sein, nichts zu tun.

Ich lasse meinen Gefühlen, Gedanken und Bildern freien Lauf. Ab und zu versuche ich bewusst bei einer Erfahrung zu bleiben, um sie nochmals besonders anschauen zu können. Ich erinnere mich zum Beispiel, wie eine unscheinbare Geste, eine Berührung für mich so wohltuend war und spüre mit Körper und Seele, wie sich darin meine Sehnsucht nach Anerkennung ausgedrückt hat. Ich sehe noch einmal die spielenden jungen Katzen vor mir, die in all ihrem Sein und Tatendrang meine Lebenslust gefördert haben. Ich nehme wahr, wie mich eine Nebenbemerkung mehr getroffen hat, als ich wahrhaben will. Sie bringt mich in Berührung mit meiner Urverletzung, der Angst, abgelehnt zu werden. Ich lasse die Tränen langsam meine Wangen hinunterfließen, sie sind Ausdruck meiner Lebendigkeit. Ich entdecke ganz in einer dunklen Ecke von mir die Wut, die angestaut ist über die arrogante Art und Weise, wie jemand zuviel Platz eingenommen hat und ich mich vor Sprachlosigkeit nicht wehren konnte. Es schreit in mir wegen des Unheils in der Welt, im Kosovo, in Ost-Timor, in Tschetschenien, und es schreit in mir das Erschrecken darüber, wie schnell wir uns an himmelschreiende Ungerechtigkeiten gewöhnen können.

Ich atme tief ein und aus, damit außer dem Wahrnehmen auch das Loslassen möglich ist. Ich spreche mir wohlwollend zu, dass ich all das bin; dass ich trotz all meiner Widersprüchlichkeiten einmalig und kostbar bin. Meine Lebendigkeit drückt sich aus im Wahrnehmen von Hell und Dunkel, Kraftvollem und Zerbrechlichem ... Nach dieser Stunde schreibe ich das Wichtigste auf oder gehe bewusst einige Schritte, um all das Erlebte loszulassen.

MEINEN BAUM MEDITIEREN

Ich wähle mir in meiner Umgebung einen Baum aus. Das kann im Dasitzen in der Wohnung sein, wenn ich durchs Fenster „meinen" Baum betrachte, das kann im Park sein oder im Wald beim Spaziergang. Durch ihn fördere ich mein Einüben im Da-sein. Hier und Jetzt da sein und nichts anders zu tun, als diesen Baum immer wieder anzuschauen. Täglich, wöchentlich mir Momente gönnen, um zu staunen, wie verwurzelt dieser Baum ist, was ihm größte Beweglichkeit ermöglicht.

In windstillen Zeiten entdecke ich immer mehr, wie sich doch einige Blätter ganz leise bewegen. Sie werden mir zum Sinnbild, dass auch im Stillen, im Unscheinbaren, Leben sich erneuert.

Ich kann die Sonne und den Regen bewusst wahrnehmen in diesem Baum, um dadurch zu verinnerlichen, wie beides, Licht und Wasser, zum Leben gehört.

Meinem Baum einen Brief oder ein Gedicht schreiben ... Meinen Baum umarmen im tiefen Einund Ausatmen ... Meinen Baum malen oder photographieren und anderen mitteilen, wie er mir ermöglicht, mein Leben bewusster wahrzunehmen.

Meinen Baum als Mahnmal sehen, um ökologische Achtsamkeit einzuüben, im Benutzen von öffentlichen Verkehrsmitteln, mit weltgerechten Reinigungsmitteln, sorgfältigerem Umgang mit dem Wasser.

IM HIER UND JETZT SEIN

„Mein Atem heißt JETZT"[26], schreibt die jüdische Lyrikerin Rose Ausländer. Ich beginne meinen Tag mit einer Viertelstunde Schweigemeditation und beende ihn auch damit. Ich schaffe mir eine kleine Ecke der Stille, die ich je nach familiären Wohnverhältnissen für längere Zeit oder jeden Tag neu einrichte. Ein(e) Meditationsbank oder -kissen, ein Teppich, eine Ikone, eine Kerze und einige Blumen helfen mir, meinem Bedürfnis nach Schweigen mehr Gewicht zu geben.

Ich sitze gut da, gerade, einfach so gut es geht. Wohlwollen mir selber gegenüber ist wichtiger als alle Meditationsregeln. Der Atem, der kommt und geht, hilft mir, auch in meine Verspannungen hineinzuatmen. Dabei können mir die Worte wie „Dasein" und „Mitsein" oder (wie ich es pflege) „Christus" eine Hilfe sein, um meine Gedanken, die ich wie Wolken kommen und gehen lasse, zu zentrieren. Ich atme ein mit „Da-", und ich atme aus mit „-sein", oder ich atme ein mit „Mit-" und atme aus mit „-sein", oder ich atme ein mit „Christ-" und atme aus mit „-us".

In diesen drei verschiedenen Beispielen kommt für mich die eine Wirklichkeit zum Ausdruck: Mein Dasein ist immer ein Mitsein. Diese Lebensweisheit verdichtet sich für mich in Christus: Das

Göttliche ist gegenwärtig in allem: in mir, in Beziehungen, in der Schöpfung und im Kosmos.

Mitten im Alltag, wo immer ich bin, in der Straßenbahn, in einer Arbeitsbesprechung, beim Kinderhüten, in der Kaffee-/Teepause, beim Einkaufen, beim Kochen, bei der Gartenarbeit, beim Heimweg am Abend erneuere ich in mir, was ich in der Schweigemeditation einübe: das kurze, bewusste Einund Ausatmen, das mich erinnert, dass mein Wert aus meinem Sein entspringt.

DA-SEIN IN SCHWIERIGEN MOMENTEN

In den Grenzsituationen unseres Lebens sind nicht große Worte gefragt, sondern einzig unser Da-sein. Im Erkennen des Leides und der Not offenbart sich Gott dem Mose im Alten Testament als „Ich-bin-da" und „Ich-bin-der-ich-daseinwerde" (Ex 3,14). Diese Grundhaltung ist mir Lebenshilfe, angesichts von schwerer Krankheit, von Tod, von himmelschreienden Schicksalsschlägen einfach da zu sein. Mehr braucht es nicht. So viel Lebendigkeit, intensivstes Leben geht uns verloren, wenn wir diesen Momenten ausweichen, weil wir meinen, wir müssten eine Lösung finden. Wunder geschehen, wenn ich ohne Worte da bin und durch eine zärtliche Geste ausdrücke, dass ich auch morgen da sein werde. In diesem Da-sein atme ich tief ein und aus mit den Worten

„Ich bin da". In diesem Da-sein ereignet sich das Da-Sein Gottes. Denn die Würde eines jeden Menschen ist bis zur letzten Sekunde seines Lebens und über den Tod hinaus unendlich kostbar, und keine Behinderung, keine Krankheit kann sie auslöschen. Durch unser Da-sein sind wir Ausdruck dieser Hoffnung.

Zum Innehalten

Ankommen
Abstand gewinnen
erahnen
wie mein Wert
aus meinem Sein entspringt

Unsicherheit vor dieser Leere
trotzdem vertrauend
dass sich das ganz Kleine
 in mir entfalten kann
damit sich die Ur-absicht Gottes
auch in mir freilegen kann

Ankommen
da sein
mit sein
Ruhe finden
weil ich längst von Dir
gefunden bin

II.
MEIN INNERES FEUER
ENTDECKEN

Vor dem Ende sprach Rabbi Sussja:
„In der kommenden Welt wird man mich
nicht fragen: ‚Warum bist du nicht Mose
gewesen?‘ Man wird mich fragen:
‚Warum bist du nicht Sussja gewesen?‘"
Martin Buber[27]

Schon als Kind wollte ich ein Buch schreiben.
Doch ich habe es erst als 35-Jähriger getan, weil
ich auf die Erlaubnis wartete. Ich ließ mich beeindrucken von Bemerkungen wie „Was bildest du
dir ein?" oder „Es gibt genug ungelesene Bücher!"
Erst als mein Körper rebellierte und meine Seele
mit unehrlichen Vertröstungen nicht mehr zu be-
ruhigen war, wagte ich mich dank der kraftvollen
Unterstützung einer Arbeitskollegin an mein ers-
tes Buch heran.[28]

Meinen ganz eigenen Weg gehen

Endlich nahm ich mein inneres Feuer ernst und belebte es. Durch die Begegnungen mit Mystikerinnen und Mystikern früherer, aber auch der jetzigen Zeit, und indem ich mein Verhalten mit Hilfe einer persönlichen Begleitung aufarbeitete, wurde mir klar, dass ich allein mir die Erlaubnis zum Schreiben geben kann. Denn wie Sussja bin ich aufgerufen, meine geschenkten Gaben zur Entfaltung zu bringen. Noch heute sitzt mir diese zugleich schmerzvolle und befreiende Erfahrung der Selbstwerdung im wahrsten Sinn tief in den Knochen. Darum habe ich mir während meiner 30-tägigen Schweigezeit einmal pro Tag laut die Geschichte von Sussja vorgelesen. Welch eine Wohltat: Tag für Tag zu hören, dass das Wichtigste im Leben bedeutet, so zu werden, wie ich von meinem Schöpfer von Anfang gemeint bin: als sein Abbild.

In den letzten Jahren habe ich mir den Raum zum Schreiben geschaffen. Schreiben hat für mich eine heilende Wirkung, weil ich dadurch in allem Erlebten nach Sinn tasten kann. Schreiben ist für mich Gebet, wie dies der Friedensnobelpreisträger Elie Wiesel auch von Franz Kafka erzählt:

„‚Macht Gebete aus meinen Geschichten', sagte der berühmte Rabbi Nachman von Bratzlaw zu seinen Anhängern. Bei Franz Kafka, seinem späten Schüler, klang dieser Gedanke nach, als er ganz einfach erklärte, dass Schreiben gleich Beten sei."[29] Auch Pierre Teilhard de Chardin betont, dass man mit der Federspitze – beim Schreiben – beten könne. Beim Beten und Schreiben geht es mir ums Ganze, um den Versuch, jeden Tag den Sinn des Lebens neu zu erfahren. Ähnlich spricht davon auch die jüdische Dichterin Rose Ausländer: „Schreiben war Leben. Überleben ... Ich schreibe, weil ich muss – quasi für mich selber –, aber ich publiziere für Leser, denen ich meine vorgestellten Werke zeige. Das Echo ist Sonnenschein, ohne den ich vielleicht nicht wachsen könnte."[30] Einerseits beinhaltet dieses Zu-mir-Stehen viele beglückende Momente, in denen die Zeit nicht in meinen Händen liegt und die Worte noch weniger. Andererseits habe ich in diesem Prozess, in dem ich zu mir selbst gefunden habe, mich auch mehr wahrgenommen und angenommen als jemand, der begrenzt ist, der andere enttäuscht, der Prioritäten setzt und oft Nein sagt. Dieses Nein ist nicht gegen etwas oder jemanden gerichtet, sondern auf die Konzentration meiner Lebenskraft. Das ist für mich ein politischer Akt: Unsere Gesellschaft verändert sich, wenn Menschen trotz aller wirtschaftlicher Zwänge mehr auf ihr inneres Feuer achten und sich nicht durch die Arbeit entfremden lassen.

Meine Erfahrung ist einmalig und verbindend zugleich. In vielen Begleitgesprächen begegnet mir die schmerzliche Einsicht von Menschen, die auf einmal meinen, ihr Leben verpasst und ihre tiefsten Wünsche nie verwirklicht zu haben. Dass es Wünsche und Träume gab, die sich ihnen in verschiedenen Lebenssituationen gezeigt haben, ohne eine Resonanz zu finden. Der Mystiker Thomas Merton ermutigt, sich den lebensfördernden Fragen zu stellen, in welchem Lebensabschnitt auch immer: „Wenn du mich kennen willst, frag nicht, wo ich lebe; oder was ich gern esse; oder wie ich mein Haar kämme; sondern frag mich, wofür ich lebe, genau im Einzelnen, und frag mich, was nach meiner Meinung mich davon abhält, völlig für die Sache zu leben, für die ich leben will."[31]

Es ist nie zu spät, Schritt für Schritt das zu verwirklichen, wofür ich zutiefst leben möchte. Der schwedische Regisseur Ingmar Bergman sagt, „dass das Leben nur die Bedeutung hat, die man ihm selber zumisst. Das ist an und für sich nichts Besonders, aber für mich war es eine große Entdeckung."[32]

Darum geht es im Leben: dem, was ich zutiefst spüre, die Bedeutung und das Gewicht geben, das es braucht, um ihm schließlich Ausdruck verleihen zu können. Wenn ich auf diesem Weg Verbündete suche, werde ich erstaunt sein, wie sich mir neue Perspektiven eröffnen. Allerdings braucht es dazu beharrliche Geduld. Denn es ist gar nicht so einfach, in der Fülle der Möglichkeiten, die uns heute in unserer konsumorientierten Welt angeboten werden, die eigene Einmaligkeit zu fördern. Das Horchen auf meine innere Mitte, auf die Stimme des Herzens kann mir wegweisend sein.

Auf die Stimme meines Herzens hören

„Leos Carax hat mir geholfen,
Dinge zu entdecken,
die in mir verborgen waren.
Es ist selten, dass ein Regisseur
ein solches Vertrauen entgegenbringt, selten,
dass er Dinge zum Leben erweckt, die in
einem stecken, die man aber selbst ignoriert."
Juliette Binoche[33]

Mein heiliges Feuer, mein „feu sacre", zeigt sich mir nicht nur in meinen Gaben, meinen Wünschen, meinen Tagund Nachtträumen, sondern auch in der Wahrnehmung meiner Verantwortung in dieser Welt. Als junger Mensch brauche ich vielleicht längere Zeit, um mir klar zu werden, wozu ich auf der Welt bin. In der Mitte meines Lebens können sich mir diese Fragen neu, manchmal noch eindringlicher stellen, und in meinem letzten Lebensabschnitt kann ich als Rentner oder Rentnerin noch viel zu meinem Wohle und zum Wohle der ganzen Gemeinschaft beitragen. In

Zeiten, in denen ich mich ganz auf mich selbst zurückgeworfen fühle – durch den Verlust meines Arbeitsplatzes vielleicht, durch eine Trennung oder durch den Tod einer Partnerin, eines Partners, eines Kindes, einer Freundin, aber auch durch ganz unscheinbare Veränderungen im privaten oder beruflichen Bereich – werde ich mit dieser Sinnfrage konfrontiert.

Eine solche Krise kann mir zur Chance werden. Dazu braucht es das Durchbrechen unserer gewohnten Tagesordnungen, unserer sozialen Verhaltensmuster, die uns Menschen klein, unbedeutet und fremdbestimmt halten wollen. Vielleicht komme ich mit dieser Frage weiter, wenn ich bei Freundinnen und Freunden nachfrage. Was die französische Schauspielerin Juliette Binoche von „ihrem" Regisseur sagt, gilt für jede und jeden von uns: einander auf innere Kostbarkeiten aufmerksam machen, die wir selber ignorieren.

Im bewussten spirituellen Entfalten meines Selbst als Abbild Gottes werde ich auf meine Herzensstimme deutlicher hören. Mit Herz seine Lebensaufgabe jeden Tag neu entdecken bedeutet nach David Steindl-Rast etwas Ganzheitliches:

„‚Herz' bedeutet das Zentrum unseres Wesens, in dem wir wahrhaftig eins sind. Eins mit uns selbst, nicht aufgespalten in Verstand, Wille, Gefühle, Körper und Geist, eins mit allen anderen Geschöpfen. Denn das Herz ist der Bereich, in dem wir nicht nur mit unserem inneren Selbst in Berührung sind, sondern gleichzeitig mit dem ganzen Dasein innigst vereint sind. Hier sind wir auch mit Gott vereint, der Quelle des Lebens, welche im Herzen entspringt. Um mit dem Herzen zu horchen, müssen wir immer wieder zu unserem Herzen zurückkehren, indem wir uns die Dinge zu Herzen nehmen."[34]

Ich träume hellwach von einer Welt, in der Kinder und Jugendliche ermutigt werden, sich einzubringen und aus Lust über die eigenen Entfaltungsmöglichkeiten ihren Platz in dieser Welt finden. Partizipation und Ermächtigung braucht es beim Fördern der Herzensstimme. SympathisantInnen braucht es, die den langen Atem der Hoffnung miteinander wach halten. Nur miteinander kann jede und jeder entdecken, was ihr oder ihm heilig ist, heilend und lebensfördernd. Meine Worte mögen idealistisch klingen. Und während ich sie schreibe, weiß ich um die zunehmende Entsolidarisierung und den brutalen Konkurrenzkampf am Arbeitsplatz. Gerade weil ich an dieser Realität leide und mit vielen Betroffenen voll Trauer und Wut mitfühle, brennt in mir das heilige Feuer, dieser Hoffnungslosigkeit die Macht der Ohnmächtigen entgegenzusetzen. Auf die Frage „Wozu bin ich auf der Welt?" habe ich für eine Zeitschrift versucht, eine Antwort zu formulieren – hier ist sie:

„Auf der Seite der Verlierer sein im Weltprozess", sind die ersten Worte, die mir auf diese Frage in den Sinn gekommen sind. Dieser Gedanke von Walter Benjamin begleitet mich seit langem. Ich entdecke darin die jesuanische Praxis, Partei zu ergreifen für die Kleinen, Entmutigten, Bedrängten, Sprachlosen, Verletzten, Enttäuschten, Heimatlosen, Entrechteten.

Wäre mir vor zehn Jahren diese Frage gestellt worden, so hätte ich „nur" von dieser Parteinahme gesprochen. Denn ich sah meine Lebensaufgabe im Dasein für andere, im

Horchen auf das, was andere brauchen, im Zeithaben für andere. Dies bleibt mir weiterhin wichtig, denn die Verwurzelung in Christus kommt nie um die unbequeme Parteinahme herum. Diese politische Dimension meines Lebens möchte ich noch entschiedener und unabhängiger angehen, unabhängig auch vom Applaus. Erweitert hat sich aber mein Sinn des Daseins durch die Entdeckung und Verinnerlichung der zweiten Hälfte des Liebesappelles Jesu: „Liebe deinen Nächsten wie dich selbst."

Heute erahne ich den Sinn des Lebens auch im Annehmen meiner selbst. Nicht als Egotrip, denn sich selbst anzunehmen kann nur in Kommunikation und Solidarität geschehen. Das ist Selbstannahme, um selbst-loser werden zu können. Ein mühsam-befreiender Prozess; zunächst in mir wahrnehmen, was verloren, verletzt, unterdrückt, sprachlos, entmutigt ist – und heilen zu lassen. Um aus dieser leidenschaftlichen Erfahrung mit Menschen unterwegs zu sein, die nicht einmal Worte und Gesten finden für ihre Befindlichkeit.

Ich bin auf der Welt, um transparent zu werden

für Christus, weil ich erahne, dass Gott Menschen will, die wagen, einen inneren Prozess der Selbst-findung zu gehen, um sich dadurch mit Rückgrat für eine gerechtere und zärtlichere Welt einund ihr auszusetzen. Das Göttliche durch-scheinen zu lassen, indem ich die Lebenskraft und -lust in mir fließen lasse und zugleich meine Schattenseiten annehme, um sie verwandeln zu lassen.

Ob ich dazu auf der Welt bin?

Wichtiger als jeder Antwortversuch ist für mich das Wachhalten dieser Frage. Vertrauend, dass ich all-täglich in die Antwort hineinwachsen werde.[35]

Meiner Intuition trauen

Der Schüler bat um ein Wort der Weisheit.
Sagte der Meister: „Geh, setz dich in deine
Zelle, und deine Zelle wird dich Weisheit
lehren."
„Aber ich habe keine Zelle. Ich bin kein
Mönch."
„Natürlich hast du eine Zelle. Blick in dich."
Anthony de Mello[36]

In biblischen Heilungsgeschichten fällt mir auf,
wie Jesus Menschen in die Mitte stellt, um ihnen heilendes An-sehen, Anerkennung zu er-
möglichen. Schritte zur eigenen Mitte sind nicht
selbstverständlich. In unserer Kapelle im offenen
Kloster feiern wir jeden Sonntag das Licht, das
in der Mitte eines jeden Menschen brennt. Dazu
sind alle Teilnehmenden aufgerufen, sich wirklich in die Mitte zu stellen, ein Teelicht zu entzün-
den aus Dankbarkeit für das göttliche Licht, das
auch diese Woche durch jede und jeden aufscheinen konnte. Unsere Kapelle ist sehr klein, und zur

Mitte sind es nur zwei Schritte. Doch mir fällt auf, wie schwer es vielen fällt, wirklich in die Mitte zu gehen und da einen Moment stehen zu bleiben. In unserer jüdisch-christlichen Tradition wurde diese Haltung zu lange unterdrückt, obwohl sogar Jesus in der Bergpredigt deutlich auffordert, sein Licht nicht zu verstecken (vgl. Mt 5,14–16). Besonders Frauen wurden ermutigt, sich bescheiden im Hintergrund aufzuhalten, Namen und Ansehen waren unwichtig. Gegen diese Ungerechtigkeit habe ich einer der vielen namenlosen, starken Frauen aus der Bibel einen Brief geschrieben. Die Frau, die Jesus das Haupt gesalbt hat, bewundere ich. Sie traute ihrer Intuition und hat durch ihre Geste eine Atmosphäre des Wohlwollens und der Berührung entfaltet. Leider wird der Abschnitt aus Matthäus 26,6–13 selten in unseren Kirchen vorgelesen und meditiert.

Liebe Frau ohne Namen,
Du stehst für viele biblische Frauen, die sich kraftvoll für das Leben eingesetzt, die sich ihm ausgesetzt haben und doch ohne Namen geblieben sind. Du stehst. Ja, Du stehst vor Jesus und salbst

ihm das Haupt. So erzählt Matthäus von Dir und lässt dadurch alle verwundert stehen, die Frauen nur im Hintergrund haben wollen. Du stehst zu Deiner Begabung, Deiner Intuition und wagst es, Deine Energien fließen zu lassen. Dein Sein und Tun erinnert mich an die Worte von Nelson Mandela:

,Unsere tiefgreifende Angst ist es nicht, dass wir ungenügend sind. Unsere tiefgreifende Angst ist, über das Meßbare hinaus kraftvoll zu sein. Es ist unser Licht, nicht unsere Dunkelheit, das uns am meisten Angst macht. Wir fragen uns, wer bin ich, mich brillant, großartig, talentiert, phantastisch zu nennen?

Aber wer bist Du, Dich nicht so zu nennen? Du bist ein Kind Gottes. Dich selbst klein halten, dient nicht der Welt. Es ist nichts Erleuchtetes daran, sich so klein zu machen, nur damit andere um einen herum sich nicht vielleicht unsicher fühlen. Wir alle sind bestimmt zu leuchten, wie es Kinder tun. Wir sind geboren, um den Glanz Gottes, der in uns ist, zu manifestieren. Er ist nicht nur in einigen von uns, er ist in jeder und jedem einzelnen. Und

wenn wir unser eigenes Licht scheinen lassen, ge-
ben wir unbewußt anderen Menschen die Erlaub-
nis, dasselbe zu tun. Wenn wir von unserer Angst
befreit sind, befreit unsere Gegenwart automatisch
andere.'

Dir, namenlose Frau, danke ich für Dein Licht,
das Du aufscheinen ließest, indem Du Jesus gesalbt hast. Dein Handeln hat Ärger hervorgerufen
... Dein bewegendes Zeugnis des Mitgefühls soll
immer wieder erzählt werden. Besonders dann,
wenn Frauen ausgegrenzt werden. Du verbindest
Erde und Himmel, Deine Salbung ist priesterli-
ches Tun, wie es im Petrusbrief allen vom Volk
Gottes zugesprochen wird: ,*Ihr aber seid ein aus-*
erwähltes Geschlecht, eine königliche Priesterschaft,
ein heiliger Stamm, ein Volk, das sein besonderes
Eigentum wurde, damit ihr die großen Taten dessen
verkündet, der euch aus der Finsternis in sein wun-
derbares Licht gerufen hat.'[37]

Meine Intuition ermöglicht mir, mein inneres
Licht deutlicher wahrzunehmen, indem ich der
leisen Stimme in mir traue und ihr Ausdruck ver-
leihe. Eine Begebenheit aus dem Leben des jun-

gen David macht mir Mut, meiner Intuition zu trauen, auch wenn es bedeutet, gut gemeinte Absichten und Ratschläge von anderen zurückzuweisen. Als David sich bereit erklärt hat, Goliat zu begegnen, „zog Saul David seine Rüstungen an, er setzte ihm einen bronzenen Helm auf den Kopf und legte ihm seinen Panzer an, und über der Rüstung hängte er ihm sein Schwert um. David versuchte (in der Rüstung) zu gehen, aber er war es nicht gewohnt. Darum sagte er zu Saul: Ich kann in diesen Sachen nicht gehen, ich bin nicht daran gewöhnt. Und er legte sie wieder ab, nahm seinen Stock in die Hand, suchte sich fünf glatte Steine aus dem Bach und legte sie in die Hirtentasche, die er bei sich hatte und die ihm als Schleudersteintasche diente. Die Schleuder in der Hand ging er auf den Philister zu." (1 Samuel 17,38–40)

Welch tiefe Lebensweisheit wird da in wenigen Worten ausgedrückt. Den Mut haben, abzulegen, was mich einengt, nicht zu mir passt, mir aufgedrängt wurde. Dem Naheliegenden, Alltäglichen trauen, um darin meine tiefe Lebenskraft zu entdecken. Diese Geschichte lässt in mir mein „feu sacre" für die Erneuerung unserer Kirchen brennen. So sehe ich die Kirche als Ort, wo wir einander dabei unterstützen, abzulegen, was lebensbehindernd ist, um entdecken zu können, was wir wirklich brauchen, um uns den Herausforderungen des Lebens zu stellen. Ich werde mich weiterhin für eine menschenfreundlichere Kirche engagieren, in der jede und jeder ermächtigt wird, sein und ihr Charisma einzubringen. Und wenn ich daran leide, wie die Menschenrechte zu wenig im Inneren der Kirche verwirklicht werden, so brennt mein Feuer für die Überwindung dieser Ungerechtigkeit. Auch wenn ich die Früchte vorerst nicht ernten kann – und vielleicht gar nie! –, so gebe ich nicht auf. Denn auch ich ernte Früchte von Menschen, die sich im letzten Jahrhundert mit ihrer ganzen Existenz für mehr Menschlichkeit eingesetzt haben. Auch wenn ich nur zum Teil erleben werde, wie die berechtigten Forderungen der verschiedenen Kirchenvolksbegehren endlich umgesetzt werden, so will ich mein inneres Feuer nicht zum Erlöschen bringen. Zugleich bleibe ich nicht fixiert auf all das, was noch nicht so ist, wie es sein sollte. Vielmehr hilft mir die Frage weiter, was ich nun konkret tue, um in meinem Umfeld mehr Menschlichkeit entstehen zu lassen.

So wie Mose ein Leben lang den Weg zum neuen Land gefördert hat, ohne dann selber einziehen zu können[38], so will ich mit anderen für die kommenden Generationen mitarbeiten an einer Kirche, die nicht nur Geborgenheit, sondern auch Freiheit fördert. Es ist ein Einsatz, der nur ökumenisch sein kann!

Mit Widerstand rechnen

Wir sind alle Zeugen der Vergewaltigung
der Welt. Sie wurde kahl geschlagen. Sie
wurde zum Abfallplatz. Sie wurde vergiftet
und verprügelt ... Wie können wir dabeistehen
... Wenn ihr hinseht, seht ihr es
mit eigenen Augen. Wenn ihr hinhört, hört ihr
ihr Klagen. Wenn euch etwas an ihr liegt, dann
steht ihr auf und haltet
die Vergewaltigung der Welt auf, Mutter von
uns allen ...
Tracy Chapman[39]

Meine Entscheidung, mein inneres Feuer zu entdecken und zu pflegen, wird nicht nur auf Zu-
stimmung stoßen. Besonders wenn ich – wie die
Sängerin Tracy Chapman – ausdrücke, was mich
verunsichert und empört. Die Lebenserfahrungen von vielen Menschen, besonders von jenen,
die sich treu geblieben sind, zeigen auch, dass
sie auf Widerstand trafen. Es ist deshalb gut, darum zu wissen. Widerstand kann immer auch

aus mir selbst kommen, aus meinen Selbstzweifeln. Jane Campion, die erfolgreiche Regisseurin des meisterhaften Filmes *The Piano* spricht davon: „Mal bin ich völlig überzeugt von dem, was ich tue, dann denke ich wieder, das taugt doch alles nichts." Auch die Erwartungen der anderen können uns hindern, bewusst den eigenen Weg zu gehen: „Gleich nach der Goldenen Palme von Cannes musste ich mit so vielen persönlichen Erfahrungen fertigwerden, dass mich dies viel stärker beschäftigt hat als das Nachdenken über Erfolge und Erwartungen", gibt Jane Campion zu bedenken. Verderblich sei der Wunsch, immer noch bedeutender sein zu wollen oder noch kunstfertiger oder noch reicher. „Für mich ist der Spaß an der Sache das Wichtigste, und den habe ich, wenn ich versuche, meinen Instinkten zu folgen."[40]

Ich kann am Widerstand wachsen. Er lässt mich noch klarer und entschiedener entdecken, was nun wirklich zu mir gehört. Um mich darin nicht zu verlieren oder hart und verbissen zu werden, ist das Loslassen notwendig. Dazu gehört auch eine Spiritualität der Konfliktfähigkeit. Darum spricht Jesus im Lukasevangelium nicht vom warmen, „schönen" Feuer, sondern vom Feuer, das trennt: „Ich bin gekommen, um Feuer auf die Erde zu werfen. Wie froh wäre ich, es würde schon brennen! Ich muss mit einer Taufe getauft werden, und ich bin sehr bedrückt, solange sie noch nicht vollzogen ist." (Lukas 12,49–50)

Heute kann ich viel besser mit solch herausfordernden, unbequemen Evangeliumsworten umgehen, denn sie haben einen starken Realitätsbezug. Es sind keine Anweisungen, die zu geschehen haben. Doch sie wollen mir Frustrationen und Überforderung ersparen, weil sie nicht ausblenden, was zu einem konsequenten Leben gehören kann. Wir müssen den Widerstand nicht suchen, doch wir dürfen vertrauen, daran reifen zu können. Unsere Kreativität kann dadurch angespornt werden, wie folgendes Märchen zeigt:

Ein Mann war eingesperrt in einem hohen Turm. Seine Frau ließ eine Spinne die hohe Mauer hinaufkrabbeln, um einen feinen, unsichtbaren Faden entlang der hohen

Mauer zu spinnen. An diesem Spinnenfaden befestige sie einen feinen Seidenfaden. Ganz behutsam zog ihn ihr Mann hoch. Am Seidenfaden befestigte sie einen Garnfaden und daran verschiedene Fäden, die jedes Mal ein bisschen fester und schwerer waren. Der Mann zog einen Faden nach dem anderen hoch, schließlich einen Wollfaden, die dünne Schnur, eine stärkere Schnur, bis die Frau schließlich ein leichtes Seil anbinden konnte, das schlussendlich ein starkes Seil aushielt, das dem Mann die Flucht ermöglichte. Er war frei.

Diese Geschichte erinnert mich an meinen Hoffnungsfaden. Manchmal ist er kaum sichtbar, doch er ist da. Ein spiritueller Weg beginnt im wohlwollenden Entdecken des „roten Fadens" in meinem Leben, des göttlichen Wegs in mir. Mag er mir noch so klein und unscheinbar erscheinen, daraus kann ein Seil werden, eine klare, feste Überzeugung. Madeleine Delbrêl, Mystikerin des 20. Jahrhunderts, die sich als Sozialarbeiterin in einem Vorort von Paris mit einigen Gefährtinnen für Barmherzigkeit und Gerechtigkeit engagiert hat, spricht von dieser Kraft der Widerstände:

„Wenn wir in für uns besonders schwierigen Lebenslagen oft zu schlecht zu wählen verstehen, dann deshalb, weil wir zu Weniges und zu zaghaft wählen. Gott serviert uns die Umstände nicht wie fertig Gekochtes, Abgeschlossenes. Er reicht sie uns so, dass wir sie vollenden, dass wir daraus seinen Willen machen können. Der Glaube lenkt uns. Ohne ihn arbeiten wir wenig oder arbeiten schlecht, können jedenfalls nur Handlangerarbeit verrichten. Er aber gestattet uns, Künstler zu sein. Andererseits setzt die Arbeit des Künstlers die Kenntnis des Handwerks voraus."[41]

Hineinwachsen in den Willen Gottes bedeutet wahrhaft zu entdecken, was mir zutiefst gut tut. Das kann sich – erstaunlicherweise – in der Auseinandersetzung mit Widerständen erkennen lassen. Teresa von Avila ist mir in dieser Hinsicht zur Weggefährtin geworden. Bei all ihren Klosterreformen und -gründungen hat sie viele Widerstände erfahren. Sie hat darunter gelitten und an sich selber gezweifelt und im Gespräch Rat gesucht, um dann doch mit Entschiedenheit ihrer inneren Stimme zu folgen. Denn in all dem Suchen hat sie sich erinnert an den Glanz ihrer Seele, der nie vergeht: „Man muss sich hier klarmachen, dass die Quelle und mit ihr die strahlende Sonne im Seelenzentrum nichts von ihrem Glanz und ihrer Schönheit einbüßt, dass sie immer da ist im Innern und dass nichts ihr die Schönheit rauben kann. Aber wenn man über einen Kristall, der in der Sonne liegt, ein ganz schwarzes Tuch decken würde, so ist es doch klar, dass, auch wenn die Sonne ihn weiter bescheint, ihre Helligkeit nicht vom Kristall reflektiert wird."[42]

Im biblischen Gleichnis der klugen und dummen Jungfrauen (Matthäus 25,1–12) entdecke ich die Verpflichtung für sein Licht, für seinen Diamanten Sorge zu tragen. Dies ist nicht Egoismus, sondern es gehört zu meiner Lebensaufgabe, meine Ressourcen, meine physischen und psychischen Kräfte, meine Gaben in Achtsamkeit zu entfalten. Der Neutestamentler Hermann-Josef Venetz macht den provozierenden Charakter solcher Gleichnisse deutlich. Im Aufruf zur Hochzeit geht es ums Ganze: „Wenn das Reich Gottes angekündigt ist, wenn Jesus da ist, dann gilt es, ganz zu sein, dann gilt es, alles in die Waagschale zu werfen. Dann gibt es keine Halbherzigkeit mehr. Das Reich Gottes verlangt den ganzen Menschen. Sein ganzes Öl: seine ganze Weisheit, sein ganzes Herz, alle seine Sinne."[43] Im Entdecken meines „feu sacre" erfahre ich diese Dringlichkeit, weil das Wesentliche schon da ist und längst wartet, mehr entfaltet zu werden zum Wohle der Gemeinschaft.

Meine Himmelsleiter zum Alltag

GESCHICHTE LAUT VORLESEN

Mein inneres Feuer zu entdecken braucht Zeit, Feingefühl und Bestimmtheit. Eine Geschichte oder ein Gedicht kann mir helfen. Ich suche nicht zu weit, sondern erinnere mich an eine Geschichte, die mich besonders anspricht. Ich klebe sie an meinen Spiegel und/oder ich lese sie mir einmal pro Tag laut vor. Mit der Zeit werde ich sie sogar auswendig können. So zeigt sich mir, was mir im Moment heilig ist, welcher Spur ich folgen will.

MEINER INTUITION TRAUEN

Ein spiritueller Übungsweg, der nicht im Kopf stecken bleiben will, geht in aller Bescheidenheit von unscheinbaren Verhaltensweisen aus. Während einigen Monaten versuche ich ganz bewusst, meiner Intuition zu trauen. In ganz alltäglichen Entscheidungssituationen achte ich besonders auf den ersten Impuls, den ersten Gedanken und/oder Gefühlsausdruck. Was sich mir zeigt, nehme ich ernst.

In Diskussionen übe ich mich, den ersten Gedanken wahrzunehmen und ihn auch auszusprechen. Nicht nur guten, auch unguten Gefühlen traue ich und bemühe mich, sie wenn immer möglich auszusprechen. Ich traue dem Augenblick und stärke dadurch mein Selbstbewusstsein. Eine Hilfe kann sein, den ersten Gedanken oder Impuls aufzuschreiben, um mich nicht zu sehr durch andere beeinflussen zu lassen.

UNECHTES ABLEGEN

Die kommenden Wochen bringe ich mein Leben, meine hellen und dunklen Seiten, in Verbindung mit der Geschichte von David im Alten Testament, die ich oben erzählt habe (1. Samuel 17,38–40). Diese uralte Geschichte kann mir zur Lebensgeschichte werden und mir helfen, mein inneres Feuer besser zu sehen.

Ich gehe den einzelnen Worten nach und bringe sie in Verbindung mit meiner Geschichte:

„Rüstung, Helm, Panzer, Schwert":

Was wurde mir angezogen?
Was habe ich verinnerlicht, was gar nicht zu
mir gehört?
Welche Personen, Situationen kommen mir in
den Sinn, die mich geprägt haben?

Wie lange bin ich damit gegangen?
Wo habe ich mich zu wenig ernst genommen?
Was trage ich noch jetzt mit mir herum?

„Ich kann in diesen Sachen nicht gehen":

Ich nehme mir Zeit, um meine Worte zu finden. Wie, wo, wann habe ich abgelegt, was mir
sogar mit guten Absichten mitgegeben wurde?

„Stock, Steine, Hirtentasche":

Wie heißen meine Lebenserfahrungen, die ich in
mir entdeckt habe und die ich „in die Hand genommen habe"? Was war schon da und hat mir geholfen, um mich in die Auseinandersetzung hin-

einzubegeben? Wer oder was hat mich unterstützt auf diesem Weg, meiner Intuition zu trauen?

WOZU BIN ICH AUF DER WELT?

Ich nehme mir Zeit, meine Antwort zu finden: Wofür lebe ich? Was hindert mich, dafür zu leben? (Thomas Merton)

In der Partnerschaft, im Freundeskreis, im Arbeitsteam geben sich alle die Aufgabe, diese Frage zu beantworten. Nach einigen Wochen findet ein Austausch statt.

FÜR, NICHT GEGEN

Im Einüben, Nein zu sagen, Prioritäten zu setzen, kann es eine Hilfe sein, immer zuerst zu fragen: *für* welche Priorität, welche Lebensaufgabe, gebe ich diese Tätigkeiten auf? In vielen kleinen Entscheidungssituationen achte ich darauf, dass ich durch meine Treue zu mir selbst und meiner Lebensaufgabe nicht gegen die andern bin, sondern für das Wohl der Gemeinschaft besondere Akzente setze.

AM WIDERSTAND WACHSEN

Leid kann stärker machen

Ein Mensch konnte nichts Schönes und
Gesundes sehen. Als er in einer Oase einen
jungen Palmbaum im besten Wuchs fand,
nahm er einen schweren Stein und legte ihn
der jungen Palme mitten in die Krone. Mit
einem Lachen ging er weiter. Die Palme versuchte, die Last abzuwerfen. Sie schüttelte
und bog sich. Vergebens. Sie krallte sich tiefer in den Boden, bis ihre Wurzeln verborgene
Wasseradern erreichten. Diese Kraft aus der
Tiefe und die Sonnenglut aus der Höhe
machten sie zu einer königlichen Palme, die
auch den Stein hochstemmen konnte.
Nach Jahren kam der Mann wieder, um sich
an dem Krüppelbaum zu erfreuen. Da senkte
die kräftigste Palme ihre Krone, zeigte den
Stein und sagte: „Ich muss dir danken. Deine
Last hat mich stark gemacht."
Nach Pater Franz Gypkens[44]

Vielleicht kann ich den Sinn dieser Geschichte auch in einem Teil meines Lebens entdecken: Ich nehme mir einmal oder mehrmals nachmittags/ abends Zeit, um mich an Widerstände zu erinnern auf meinem Lebensweg. Steine, die mir in den Weg, in meinen Rucksack gelegt wurden. Wo, warum konnte ich daran wachsen? Sind durch Widerstände meine Stärken bewusster zum Vorschein gekommen?

Wo stimmt der Inhalt dieser Geschichte bei mir nicht? Wo bin ich fast zerbrochen am Widerstand?

Was hilft mir, um besser mit Widerstand umgehen zu können?

Wo sind meine Wasseradern?

SORGE TRAGEN FÜR MEIN LICHT

Im Neuen Testament der Bibel steht das Gleichnis der zehn Jungfrauen (Matthäus 25,1–13), daran sehe ich als ermutigende Bestärkung, Sorge zu tragen für mein Licht. Im Satz

„dann reicht es weder für uns noch für euch", drückt sich der Lebensauftrag einer jeden und eines jeden von uns aus, achtsam mit den eigenen Kräften, Gaben und Ressourcen umzugehen. Ziel eines verantwortungsvollen spirituellen Weges ist es, seinem inneren Feuer treu zu bleiben und darauf zu achten, dass es genährt wird:

Was brauche ich an Unterstützung, um mich entfalten zu können, um mich gut einzubringen? Wie viel Bewegung, wie viel Schlaf, wie viel Zeit der Stille brauche ich? Welche Hobbies wie Sport, Lesen, Kultur, Gartenarbeit verschaffen mir einen guten Ausgleich? Welche Ernährung tut mir gut?

Es lohnt sich, all das einmal aufzuschreiben. Daraus können auch Wünsche entstehen, die ich in der Familie oder im Freundeskreis einzubringen lerne, damit sie respektiert werden können.

In all diesen Fragen suche ich nicht weit. Ich bemühe mich, meinen Erfahrungen zu trauen und darin die Spur zu meinem inneren Feuer zu entdecken.

Zum Innehalten

Ich selber werden
den Himmel in mir finden

Nicht außerhalb suchen
was Du seit Geburt in mir
angelegt hast

Dich gebären im
Annehmen meiner selbst

Dich gebären
im Entdecken meiner Lebensaufgabe

Dich gebären im
Stärken meines Rückgrates
im Geradestehen
für die Menschenrechte
im ökologischen Mitfühlen

Mein inneres Feuer entdecken
das erhellt und wärmt
zum Wohle der Gemeinschaft

Mich nicht mehr überfordern
sondern meiner Herzensstimme trauen denn
Du sprichst darin zu mir

III.
EIN SPANNENDES
LEBEN WAGEN

Die Schüler des Baalschem hörten von
einem Mann als von einem Weisen reden.
Einige unter ihnen verlangte es, ihn aufzusu-
chen und seine Lehre zu erfahren. Der
Meister gab ihnen die Erlaubnis; sie aber
fragten weiter: „Und woran sollen wir
erkennen, ob er ein wahrer Zaddik ist?"
„Erbittet von ihm", antwortete der Baalschem,
„einen Rat, wie ihr es anzufangen habt, damit die unheiligen Gedanken euch nicht mehr
beim Beten und Lernen stören. Gibt er euch
einen Rat, so wißt ihr, dass er der Nichtigen einer ist. Denn das ist der Dienst des Menschen
in der Welt bis zur Todesstunde, Mal um Mal
mit dem Fremden zu ringen und es Mal um
Mal einzuheben in die Eigenheit des göttlichen
Namens."
Martin Buber[45]

Wenn ich zurückblicke auf meinen Weg, zu mir selbst gekommen zu sein, so muss ich mir eingestehen, dass der Gedanke der Vollkommenheit mich viel mehr geprägt hat, als ich wahrhaben will. Vermischt mit dem Leistungsgedanken haben die Worte Jesu in der Bergpredigt „Ihr sollt also vollkommen sein, wie es auch euer himmlischer Vater ist" (Matthäus 5,48) eher meine Schattenseiten genährt, als dass sie mich befreit hätten vom Irrtum, alles im Griff haben zu können. Auch das ist eine Realität auf dem spirituellen Weg: sich schmerzvoll einzugestehen, dass gut gemeinte Worte mich entfernen können vom Wesentlichen. Indem ich solche Erfahrungen annehme, kann ich sie verwandeln lassen – ich frage mich dann etwa, was Vollkommensein wirklich für mich bedeutet. Heute hat es viel damit zu tun, die Gegensätze in mir zu integrieren.

Mit Polaritäten leben können

Vollkommenheit bedeutet für mich heute, annehmen zu können, dass es kein Licht ohne Schatten gibt. Das Gleichnis vom Unkraut und vom Weizen aus dem Neuen Testament hat mich befreit von erdrückenden Vollkommenheitsansprüchen, von der Allmachtsphantasie, perfekt sein zu müssen. Da wird erzählt, dass nach dem Säen von Weizen beim Aufgehen der Saat zugleich auch Unkraut wächst. Die Knechte wollen es ausreißen, doch der Gutsherr sagt weise: „Nein, sonst reißt ihr zusammen mit dem Unkraut auch den Weizen aus. Lasst beides wachsen bis zur Ernte." (Matthäus 13,24–30) Ein inneres Bild, das mich aufatmen lässt: Beides wachsen zu lassen, Fehler machen dürfen, Scheitern und Versagen in mir annehmen, weil es kein „reines" Wachstum gibt. Die chassidische Geschichte oben spricht auch davon, dass es zu unserem Leben gehört, „mit dem Fremden zu ringen". Wer mich von dieser

Wirklichkeit abhalten will, der verhindert meinen Weg zur Lebendigkeit. Denn ein lebendiger Mensch lernt alltäglich mit den Polaritäten, den Widersprüchlichkeiten in und um sich umzugehen. Nicht, weil wir dem Bösen einfach so ausgeliefert sind, sondern weil es zu uns gehört „bis zur Zeit der Ernte". In diesem lebensnahen Gleichnis wird mir zuerst zugesprochen, mit meinem Schatten, mit meinen dunklen Seiten leben zu können. Zugleich wird im Gleichnis von der Kraft der Verwandlung erzählt. Bei der Ernte, nach einer längeren Zeit der Unterscheidung – des Arbeitens an mir selbst –, kann ich Ungutes ablegen (nicht abspalten!). In der Geschichte ist vom Feuer die Rede, vom Verbrennen des Unkrautes und vom Sammeln der Früchte. Ein Prozess, der nicht ein für allemal in mir geschieht, sondern jeden Tag neu. In der christlichen Tradition nennen wir diese Erfahrung Kreuz und Auferstehung. Beides gehört zum Leben. Noch der auferstandene Christus zeigt dem ungläubigen Thomas die Wundmale. Sie sind nicht aufgelöst, die Narben bleiben, verbunden mit der Zusage einer besseren Lebensqualität: die sich ausdrückt eben im Annehmen der Polaritäten. Darum ist es für mich so wohltuend, bei christlichen Mystikerinnen und Mystikern zu spüren, dass die Spannung nie aufgelöst wird. Neben der Sehnsucht nach dem Aufgehobensein, dem Vereinigtsein in Gott bleibt die Erfahrung, jeden Tag neu Ja zu sagen zum Leben. Kürzlich schrieb ich zu meiner eigenen Überraschung in einem Brief: „Seit Monaten bin ich zutiefst glücklich, weil ich endlich angenommen habe, dass das Unglücklichsein zu meinem Leben gehört!" Glück, Harmonie, Zufriedenheit, Freude, Liebe, Glaube, Hoffnung sind nie zu *haben* in unserem Leben. Sie werden uns immer wieder unerwartet geschenkt, damit wir uns auch der inneren und äußeren Zerrissenheit stellen können.

Die Spannung im Leben nicht auflösen

Ein spiritueller Mensch lernt mit den Unterbrechungen in seinem Leben umzugehen, damit sie ihm zu Durchbrüchen werden. Auch mein Scheitern hat Platz in meinem Lebensentwurf. Ich verabschiede mich auf diesem Weg von den Vorstellungen, einmal für immer Klarheit zu haben, mich völlig verändern oder grundlegende Charakterzüge einmal völlig ablegen zu können. Diese Grundhaltung befreit vom Zwang, mich selber erlösen zu müssen. Dahinter steht kein pessimistisches Menschenbild, sondern das Einholen meiner Schwäche und Ohnmacht, die immer ein Teil meines Lebens sein werden. Verwandlung ist jeden Tag möglich, doch nicht von einem Tag zum andern, wie folgende humorvolle Geschichte zeigt:

Ein Pfarrer kam nach intensiven Exerzitien nach Hause mit dem Vorsatz und der Überzeugung, dass er nun endlich den alten – schlechten – Menschen ablegen könne und ein neuer Mensch sei.[46] Um dieser Hoffnung noch mehr Gewicht zu geben, stellte er im Pfarrgarten ein Grabmal auf mit der Inschrift „Hier liegt der alte Mensch begraben".

Drei Tage später schon lag ein kleiner Zettel neben der Grabstätte. Die Pfarrköchin hatte ihn hingelegt. Beim Öffnen konnte man folgende Worte lesen: „und nach drei Tagen ist er auferstanden!"

Wie gut kenne ich das Gefühl, dieses Mal wirklich verändert zu sein! Und wie groß ist die Enttäuschung, wenn alte Erziehungsmuster sich in vielen Variationen wieder bemerkbar machen. Biblische – auch andere religiöse – Texte können die Gefahr mit sich bringen, mich von meinem eigentlichen Lebensauftrag zu entfernen: von der Annahme meiner Gaben und Grenzen. Wachsamkeit ist gefragt, um zum Beispiel an all den Stellen, an denen vom „Reinsein" die Rede ist, nicht ein dualistisches Denken und Fühlen zu fördern. Biblisches Reden ist nicht nur dualistisch; und gleichzeitig müssen wir in der jüdisch-christlichen Tradition auch zu den Grenzen von biblischen Texten stehen, wie Jörg Zink sie zurecht in seinem Mystikbuch benennt: „Die Geschichte des christlichen Glaubens hat immer wieder zu einem verhängnisvollen Dualismus geführt ... daraus ergab sich die lange Geschichte christlicher Pogrome an allen denen, die man dem Teufel zurechnete: den Moslems in der Zeit der Kreuzzüge, den Hexen unter den Frauen, den bösen Ketzern, die man massenweise auf dem Scheiterhaufen verbrannte, und auf dem Weg über ‚christliche' Normalmeinungen, die sich in säkularem Zusammenhang durchzusetzen pflegen, ging die Rechtfertigung des Mordes an den ‚Minderwertigen' bis nach Auschwitz. Die Ursprünge dieses Dualismus liegen nicht in der Bibel, auch wenn sich in ihr dualistische Bilder und Gedanken finden. Sie strömten vielmehr seit dem 6. Jahrhundert vor Christus aus der persischen Religion in das jüdische und danach in das christliche Denken. Das hat auch bewirkt, dass Jesus in wichtigen Punkten seines Lebens und seiner Lehre nicht verstanden werden konnte. Wenn zum Beispiel Jesus nicht von der Ausrottung böser Feinde, sondern von unserer Liebe zum Feind spricht oder vom Verzicht auf Gewalt in der Auseinandersetzung mit dem Bösen, so ist dieser Dualismus, den wir für natürlich halten, im Ansatz schon aufgehoben."[47]

Beim Zeitungslesen gehört es für mich zur zentralen spirituellen Aufgabe, achtsam zu sein, um die Welt nicht in Gute und Böse einzuteilen. Konkret habe ich beim schrecklichen Krieg im Kosovo mich täglich bemüht, keine Feindbilder von *den Serben* in mir aufkommen zu lassen. In vielen politischen Diskussionen wird untergründig mit einem Sündenbockdenken die Ursache der Probleme einer Menschengruppe angelastet. Dagegen wehrt sich ein spiritueller Mensch, weil er sich nicht mit einfachen Antworten auf komplexe Probleme zufrieden gibt. Die Spannung darf nicht im Dualismus aufgelöst werden, weil ich mir selbst alltäglich eingestehen muss, dass auch zu meinen Eigenschaften Gewalt, Ausbeutung, Diskriminierung gehören. Der vietnamesische Mönch und Zenmeister Thich Nhat Hanh spricht davon: Glaub aber nicht, dass nicht auch der Same der Untreue, des Verrats, in dir schlummert. Lebst du in einem Umfeld, das für den Samen der Treue gedeihlich ist, so wirst du ein treuer Mensch. Bekommt aber der Same der Untreue in dir Nahrung, so wirst du vielleicht sogar die verraten, die du liebst ... Wenn wir es lernen, in Achtsamkeit zu leben, wird uns das helfen, alle Samen in unserem Speicherbewußtsein zu erkennen und nur denen Nahrung geben, die heilsam sind."[48]

Die Würde meines Menschseins liegt in meinem Begrenztsein. Vor einigen Jahren sagte mir jemand: Es ist manchmal recht schwer, mit dir zusammen zu leben!" Zu meinem eigenen Erstaunen haben mich diese Worte sehr befreit, und ich konnte antworten: Du hast recht, ich habe es manchmal auch recht schwer mit mir!" Diese Worte haben mich erlöst von der Erwartung, immer angenehm und pflegeleicht" zu sein. Darin sehe ich keinen Freipass, um meine schlechte Laune ausleben zu können, jedoch das wohltuende Eingeständnis, auch mit meinen Fehlern angenommen zu sein. Denn in meiner Verletzlichkeit, meiner Zerbrechlichkeit, meinem Scheitern bin ich zutiefst auf andere angewiesen. Indem ich die Polaritäten in mir zu integrieren versuche, werde ich menschlicher und kann lernen, heilende Hilfe anzunehmen. Die Spiritualität von Hildegard von Bingen hilft zu dieser ganzheitlichen Selbstannahme: „Jeder Mensch erlebt die schmerzliche Differenz zwischen der Erfahrung seiner Schuld, seines Elends, seiner Wunden einerseits und dem sicheren Wissen um seine Würde andererseits. Beides braucht der Mensch, damit er leben kann. Heilung besteht darin, beide Wirklichkeiten in eins zu bringen, ohne sie aufzuheben und aneinander zu verraten."[49]

Nicht gegen mich kämpfen

Um gut mit mir selber umgehen zu können, muss ich Wohlwollen haben meinen Schwächen gegenüber. Etwas vom Schlimmsten, was wir Menschen uns antun können, ist die eigene Abwertung. Denn da entziehe ich mir selbst den Boden, meinen Standpunkt, und meine Lebenskraft bleibt blockiert. Gegen sich selber kämpfen, Krieg gegen sich selber führen, trägt bei zur Spirale der Gewalt und der Ausgrenzung. Ich kenne solche Momente, in denen ich viel zu hohe Ansprüche an mich habe, zu hart mit mir bin. Da meine ich, allein mit meinem Willen weiterzukommen. Dieses Gefangensein in sich kann die Hölle sein, weil ich mir und anderen damit etwas vormache. Ein Stück Himmel im Alltag sind dann die Momente, in denen ich mir eingestehe, dass ich mich in diesem Bereich behindert fühle. Im Annehmen und Zeigen meiner Bedürftigkeit kann ich zutiefst spüren, was es bedeutet, menschlicher zu werden. Durch das Annehmen meiner Grenzen, mei-

nes Behindertseins bin ich zugleich all den ausge-
grenzten Menschen nahe und kann ich mich als
Partner, nicht von oben herab, in sie hineinfüh-
len. Hier ist auch die Spur, latenten Rassismus zu
überwinden. Im Integrieren der fremden, noch
unbekannten Seiten in mir kann ich mit weniger
Vorurteilen auf Fremde zugehen und in diesen
Begegnungen den Reichtum neuer Kulturen kennen lernen. Wir brauchen heute Menschen, die
ihre Masken abziehen und uns ihr wahres Gesicht
zeigen. So ist es für mich wohltuend, im Tagebuch
von Carlo Caretto zu lesen: Während allzu langer
Zeit habe ich gegen meine Grenzen und Schwach-
heiten gekämpft und immer etwa versucht, sie zu
verbergen. Immer war ich bestrebt, öffentlich mit
der Maske eines selbstbewußten Menschen auf-
zutreten. Mein Stolz wollte meine Begrenztheit
nicht zugeben. Aber so allmählich hat mir Gott
das zu verstehen gegeben, und jetzt kämpfe ich
nicht mehr. Ich versuche mich anzunehmen und
die Wirklichkeit zu sehen ohne Schleier und ohne
Träumerei ... Wenn ich das früher eingesehen
hätte, etwa zur Zeit meiner Christenlehre, würde
ich 40 Jahre gewonnen haben. Aber jetzt lege ich

meine ganze Schwachheit vor die Allmacht Gottes hin und darf nun eine Verbundenheit, eine Begegnung und Liebe erfahren wie nie zuvor. Ja, mein Elend zieht wirklich die Kraft Gottes an."

Mich beeindrucken Menschen, die zu ihren Grenzen stehen und in ihren eigenen Abgrund hinuntersteigen. Ruedi Josuran und Verena Hoehne aus der Schweiz gehören zu ihnen. Beide sind erfolgreich tätig in der Medienbranche, beide leiden unter Depressionen. Er ist ein beliebter Radiomoderator, sie arbeitet vorwiegend als Moderatorin, Filmemacherin und Sprecherin beim Fernsehen. In ihrem Buch „Mittendrin und nicht dabei" schreiben sie einander gegenseitig Briefe, in denen sie vom Umgang mit dieser Krankheit erzählen. So schreibt Ruedi: „Es kann also nicht darum gehen, meine Trauer und meine Schwermut wegzubringen, indem ich mir einrede: ich darf nicht traurig sein. Positives Denken hat bei mir nie funktioniert, obschon ich lange Zeit versuchte, es einzusetzen. Ich muss in meine Traurigkeit, in meine Gefühlsarmut hinuntersteigen, muss sie zulassen, zu Ende fühlen, dann kann es sein, dass sich das Ganze von selber verwandelt, dass ich auf dem Grund meiner Traurigkeit einen tiefen Frieden verspüre, und auf einmal entdecke ich die Tiefe des Daseins, das Leben, eine neue Quelle. Ich bin in Berührung mit dem Geheimnis des Lebens, des wahren Selbst. Wenn ich mich dem stelle, mich aussöhne mit der Situation, kann das Ganze eine Quelle von Kraft werden."[50] Der Weg zu mehr Lebendigkeit führt durch die Durststrecken, durch das Aushalten meiner Ohnmacht. Jede und jeder muss selber ihren/seinen Weg finden durch diese Nacht. Doch wir können einander kraftvoll unterstützen, wenn wir das mit-teilen, was möglich ist.

Auch bei Jesus lerne ich über das Leben, mit den Polaritäten umzugehen, denn sie begegnen auch ihm:

– In seiner Zeit des Alleinseins in der Wüste ist vom Teufel, von wilden Tieren und von Engeln die Rede (Markus 1,12–13). Darum bin ich nicht mehr überrascht, wenn mir in meiner Stille eine ganze Palette von Gefühlen begegnen.

– In seinen Beziehungen ist Nähe und Distanz spürbar: Zum Beispiel in der Freundschaft mit Petrus zeigt er ihm, wie er ihn braucht. Als Petrus ihn abhalten will von seinem ganz eigenen Weg, reagiert Jesus scharf: „Weg mit dir, Satan, geh mir aus den Augen!" (Markus 8,33) Denselben Menschen fragt Jesus dreimal: „Liebst du mich?" (Johannes 21,16) Je näher mir ein Mensch ist, je mehr ich ihn liebe und mich lieben lasse, um so verletzlicher bin ich.

– In seiner Gottesbeziehung schreit er am Kreuz: „Mein Gott, mein Gott, warum hast du mich verlassen?" (Matthäus 27,46) und begibt sich ganz in ihn hinein: „Vater, in deine Hände lege ich meinen Geist." (Lukas 23,46) Das Schreien nach Gott drückt für mich tiefste Hoffnung aus.

Christliche Mystik lebt von dieser Spannung, die bleibt, solange Ungerechtigkeiten und Krieg herrschen. Nach einem Wochenende, das ich zusammen mit Dorothee Sölle gestaltet habe, hat sie mir gute Wünsche mitgegeben auf meinem Weg. Wünsche, die sie bei den Quäkern entdeckt hat:

„Das Bild vom Leben spricht in schöner mystischer Übertreibung und zugleich realistisch von drei Qualitäten, die allen offenstehen:
- grenzenlos glücklich
- absolut furchtlos
- immer in Schwierigkeiten."[51]

Diese Wünsche sind mir zur Lebenshilfe geworden. Jeden Tag den Saum des Glückes anfassen und zugleich annehmen können, dass die Schwierigkeiten und Ungereimtheiten zu meinem Alltag gehören. Darum bleibe ich gerne Christ, um Leben in Fülle zu erfahren im Staunen und Genießen der glücklichen Stunden – während ich weiß, dass die Liebe zu Gott, Menschen und Schöpfung mich mit dem Leiden und dem Unerlöstsein konfrontiert.

Das Dunkle Gottes

Warum bist Du Gott
noch nicht an uns Menschen verzweifelt
Was fasziniert Dich
trotz der jahrhundertelangen
Unheilsgeschichte an uns
Ich verzweifle manchmal
an der Gewalt
die Menschen einander zufügen
Pierre Stutz[52]

Mich hat hauptsächlich die Frage nach dem Leiden zum Theologiestudium geführt. Etwa hundert
Bücher habe ich zur Frage „Gott und das Leiden"
gelesen und keine end-gültige Antwort gefunden.
Es sind Fragen, die ich wach halte und die mir immer wieder neu gestellt werden. Gestern schrieb
mir die 10-jährige Noëmi:

„Wiso lasst gott so viel geschehen auf der Erde?
Wiso machte gott menschen? Wiso gibt es krig?
Wiso schützt gott die Natur nicht mehr so gut? Wer

hat kirchen gemacht? Vileicht können sie mir antworten?"

Jedes Mal ringe ich um eine Antwort. Das ist der
Ernstfall des Glaubens! Um dieser Grenzsituation nicht zynisch oder abgeklärt zu begegnen,
muss auch da die Spannung, das Geheimnis bleiben. Doch tief in der existenziellen Begegnung
mit dem Leiden lebe ich aus der Hoffnung, dass
Christus mitleidet, mitschreit, mitaufersteht. Dies
klärt die Frage nach all den himmelschreienden
Ungerechtigkeiten und Katastrophen nicht. Die
Frage nach dem Dunkel Gottes bleibt. Das Ringen mit Gott ist für mich Ausdruck von inten-
sivster Beziehung, wie dies in der Geschichte von
Jakobs Kampf mit Gott eindrücklich beschrieben
wird. Auch hier bleibt die Spannung: Jakob geht
verwundet als Hinkender hervor und zugleich
wird er gesegnet (Genesis 32,23–33). Auch bei vielen MystikerInnen, die mit Leib und Seele die
Nähe Gottes erfahren haben, bleibt Gott Geheimnis. Dionysius Areopagita, der um 500 gelebt hat,
spricht vom „Glanz aus der Finsternis", was zum
schweigenden Aushalten der Fragen führt:

„Je näher wir Gott sind, um so stiller wird es. Und beginnt das Schweigen, dann hört auch das Fragen auf: Dann sind wir bei Gott."[53]

Mit diesem Schweigen ist nicht ein Totschweigen der Fragen gemeint. Die ganze Klagetradition der Bibel ermutigt zum Schreien. Doch zugleich auch zum Aushalten der Unbegreiflichkeit Gottes. Die Erfahrung, dass Gott der ganz Andere ist, gehört auch zu einem spirituellen Weg. Der Jesuit Josef Sudbrack sieht darin das spezifisch Christliche, und er schreibt für die, die sich in der mönchischen Tradition darauf einlassen: „Gottes Transzendenz, seine Jenseitigkeit, sein totales Anderssein wird dem Mönch so radikal bewusst, dass alles Spüren in der Erfahrung, aller Trost wegfällt; dass nur noch Leere oder gar Angst (Jesu Ruf am Kreuz) spürbar ist; dass aber der Mönch dahinein sich fallen lässt und eben darin den je-größeren Gott in seinem totalen Anderssein verehrt, anbetet und liebt."[54]

Gerade im echten, suchenden Unterwegssein mit Menschen von heute ist es wichtig, die „dunkle Nacht der Seele" auszuhalten, wie dies Johannes vom Kreuz und Thérèse von Lisieux getan haben oder auch Madeleine Delbrêl: „Man muss in das Todesmilieu dessen eingetaucht sein, dem unser menschliches Lieben gilt: in die Verwüstungen durch die Zeit, die allgemeine Gebrechlichkeit, die Todesfälle, den allmählichen Zerfall der Zeit, aller Werte, der sozialen Gemeinschaften, unserer Selbst. Und am anderen Pol muss man die undurchdringbare Welt des Insichseins Gottes angerührt haben, um in sich ein solches Grauen vor der Finsternis zu entdecken, dass das Licht des Evangeliums uns nötiger wird als Brot. Nur dann klammern wir uns daran wie an ein über einem doppelten Abgrund gespanntes Seil.“[55] Im Ernstnehmen des Atheismus ermutigt sie, in äußerster Solidarität in die Erfahrung der Abwesenheit Gottes hineinzugehen. Christliche Menschwerdung geschieht im Dunkel der Nacht, im Ernstnehmen der „condition humaine“, um dadurch wirklich den Weg zu sich selbst, zu den anderen, zu Gott zu erhellen. Auch Jörg Zink schreibt in seinem Mystikbuch, das er im Alter von 77 Jahren schreibt und als Ertrag seines langen Lebens sieht, von seinen bleibenden Fragen und zugleich von seiner

Hoffnung: „Wo bleibt aber die Finsternis? Wir dürfen sie sich selbst und ihrer Rätselhaftigkeit überlassen. Ob sie eine eigene Macht ist? Ob sie in Gott ist? Wir werden es nicht ergründen. Wir verlassen uns aber darauf, dass das Licht die Wirklichkeit wahrer spiegelt als alle noch so tiefe Finsternis. Dass unsere Zukunft vor allem nicht die Finsternis ist, sondern das Licht, das Gott ist und das wir sein werden. Der Glaube ist ein Sprung über einen Abgrund. Den Abgrund in uns selbst. Den Abgrund in unserer Welt. Den Abgrund in Gott. Oder vielmehr: kein Sprung, den wir mit unseren eigenen Beinen schaffen könnten, sondern ein Flug in der Hand Gottes."[56]

In all meinem Fragen und meiner Sprachlosigkeit erfahre ich, dass der Sprung in den Abgrund mich intensivstes Leben erleben lässt. Denn in solchem solidarischen Unterwegssein bin ich meinem Leiden und dem Leiden der Menschen nahe. Da erlebe ich Leben intensiv und höre den Ruf zum Aufbruch mit anderen zusammen zu mehr Gerechtigkeit. Wenn Menschen miteinander die Fragen nach dem Dunkel Gottes aushalten, entsteht Nähe und Hoffnung. Zu Recht spricht Gustavo Gutiérrez, der Begründer der Befreiungstheologie, von der „dunklen Nacht der Ungerechtigkeit. Der Weg durch die Wüste führt zwangsläufig, wie Johannes vom Kreuz sagt, durch, tiefste und endlose Einsamkeit' ... Ein gewisses Alleinsein mit sich selbst und mit Gott – so hart es in gewissen Augenblicken auch scheinen mag – ist Voraussetzung für echte Gemeinschaft. In der Tat: Gott will nicht, dass wir in der Wüste leben, sondern dass wir sie durchqueren und wieder verlassen, um ins verheißene Land zu gelangen."[57]

In diesen Worten konkretisiert sich die tiefe Lebensweisheit, dass jede und jeder letztlich allein durch die Grenzfragen des Lebens hindurch muss. In der gegenseitigen Unterstützung allerdings können wir miteinander einüben, die Polaritäten des Lebens anzunehmen. Dann erfahren wir das neue Land, neue Lebensqualität, wo Licht und Schatten sein dürfen.

Meine Himmelsleiter zum Alltag

UNKRAUT UND WEIZEN IN MEINEM LEBEN

Einmal pro Monat nehme ich mir Zeit, um den Weizen und das Unkraut meines Wachstums in meinem Alltag benennen zu können. Ich gestalte ein großes Blatt, wo ich nicht nur aufschreiben, sondern auch im Malen meine verschiedenen Gefühle ausdrücken kann.

Falls es mir möglich ist, gönne ich mir einmal pro Monat einen Oasentag, an dem ich an dieser Frage dranbleibe. Falls ich mich schwer tue, das Scheitern, das Versagen in meinem Leben zu integrieren, nehme ich mir mehrere Monate Zeit, um meine Begrenztheit im Aufschreiben von Weizen und Unkraut annehmen zu können.

Diese Übung kann ich auch in meiner Partnerschaft vertiefen, indem wir regelmäßig austauschen, einander Echos geben auf das Fruchtbringende und das Lähmende in der Beziehung.

Um mich jeden Tag an mein aktuelles Lebensthema zu erinnern, klebe ich den Text des Gleichnisses oder eine andere Geschichte oder ein Gedicht an einen Spiegel. Damit drücke ich aus, dass ich mir jeden Tag in die Augen schaue im Bewusstsein meiner Polarität.

MEINEN DESTRUKTIVEN KRÄFTEN EINHALT GEBIETEN

In der Bibel, in Märchen finden sich viele hoffnungsvolle Bilder, wo Menschen in der Auseinandersetzung mit dem Bedrohlichen zu ihrer inneren Kraft finden. So verbrennen die drei Jünglinge im Feuerofen nicht (Daniel 3,1–97), Daniel wird in der Löwengrube nicht aufgefressen (Daniel 6,2–29), Susanna wird nicht Opfer der Erpressung (Daniel 13).

Auch in meinem Leben kann ich vertrauen, sogar an den eigenen Widersprüchlichkeiten wachsen zu können. Im Annehmen der eigenen Ambivalenz, im wohlwollenden Anschauen meiner Fehler kann ich gestärkt werden. Die destruktiven Stimmen in mir, die mich auf dem Weg zu mehr Lebendigkeit hindern wollen, kann ich nicht ausrotten. Ich nehme sie ernst, begrüße sie sogar, zum Beispiel mit den Worten: „Hallo, ihr meldet euch wieder und unterlasst keinen Versuch, mich zu verunsichern. Ihr gehört auch zu mir, doch ihr seid nur ein Teil von mir. Ich lasse mich von euch nicht ganz in Beschlag nehmen!" – oder: „Hallo, ihr seid mir vertraut, doch ihr könnt mich nicht weiterhin bestimmen. Es genügt wirklich. STOPP!"

Humor – über mich selbst lachen können – kann eine Hilfe sein, diese Destruktivität zu entlarven. Es ist wichtig, nicht überrascht zu sein über ihre Hartnäckigkeit. Darin liegt auch die Chance, einen wohlwollenden Umgang mit mir selbst zu pflegen.

DAS INNERE KIND IN MIR UMARMEN

Wenn Jesus vom Himmel im Alltag redet, dann stellt er ein Kind in die Mitte und umarmt es. Er tut dies erst recht, als Widerstand begegnet und die Jünger ihn davon abhalten wollen. Werden wie ein Kind bedeutet für mich: jeden Tag neu anfangen können. Auch im hohen Alter darf ich klein anfangen, um mich mit unerkannten, ungewohnten Seiten in mir vertraut zu machen. Indem ich im Innehalten, im Stehen oder Sitzen und dem bewussten Einund Ausatmen eine Hand auf meinen Bauch und die andere auf meine Brust lege, drücke ich aus, wie ich mit meinen Polaritäten in mir umgehen will. Nur wenn ich sie wohlwollend annehme, kann ich sie gestalten, integrieren, verwandeln lassen. Im Annehmen meiner Schwächen liegt meine Stärke und meine Größe. Dies gilt auch für die Entfaltungen von Fähigkeiten in mir, die zu lange klein gehalten wurden. Auch meine Schattenseiten habe ihre Lichtseite, die es zu entdecken gilt. Das Bild des inneren Kindes hilft mir, behutsam und bestimmt in mir das Reifen zu fördern.

EINE IKONE MEDITIEREN

Eine kleine Ikone, die in meinem Zimmer, am Arbeitsplatz aufgestellt ist, eröffnet mir immer wieder den Blick für den tieferen Sinn der Wirklichkeit. Die Ikone „Christus steigt hinab in das Reich des Todes" schafft mir Raum, um die eigenen Abgründe nicht zu verdecken. Denn diese Ikone drückt aus, dass es keinen Ort, keine Dunkelheit gibt, die nicht durch das Göttliche erhellt werden kann. Es braucht dazu meine Offenheit, meinen inneren Blick. Ikonen erinnern mich an diese Verheißung, dass mein Verwundetsein, meine Mühe mit mir selber, meine Unfähigkeit verzeihen zu können, mein Leiden an der Gewalt in dieser Welt Durchgang zum Aufstand für das Leben sind. Der verwundete Arzt ist der beste Heiler! Im regelmäßigen Meditieren einer Ikone erwächst die Kraft zum Engagement, um die Augen nicht zu verschließen vor der Folter, um die Ohren offen zu halten für all die Schreie nach Sinn, um zu vertrauen, dass ich darin nicht alleine bleibe, sondern dass ich Verbündete finde, weil Christus alltäglich neu aufersteht in unserem Einsatz.

Zum Innehalten

Mitten im Entscheidungsprozess
meine ganze Ambivalenz spüren

Wo soeben noch Klarheit
und ein sicheres Gefühl sich zeigte herrscht
jetzt Verunsicherung und Chaos

Da mir wohlwollend begegnen ist
unglaublich schwer

Begleite mich klärender Geist
indem ich in mein Verspanntsein hineinatme
und dadurch meinen Kopf entlaste
um mit Leib und Seele vertrauen zu können
dass die Lösung schon in mir ist

Allen Widersprüchlichkeiten zum Trotz vertraue ich dem Hinweis Gottes in mir

IV.
MIT AGGRESSIONEN
VERSÖHNUNG WAGEN

Ein junger Mann gab dem Riziner einen
Bittzettel, darauf stand, Gott möge ihm bei-
stehn, damit es ihm gelinge, die bösen Triebe
zu brechen.
Der Rabbi sah ihn lachend an: „Triebe willst
du brechen? Rücken und Lenden wirst du
brechen, und einen Trieb wirst du nicht
brechen. Aber bete, lerne, arbeite im Ernst,
dann wird das Böse an deinen Trieben von
selbst verschwinden."
Martin Buber[58]

Außer dem Thema der Selbstliebe begegnen mir
in meiner spirituellen Begleitung oft die Fragen
nach dem guten Umgang mit Ärger, Wut und Aggressionen[59]. Eine Spiritualität der Konfliktfähigkeit haben wir nach wie vor nötig. Auch für mich
persönlich bleibt es ein Thema – ich arbeite da-

ran seit einigen Jahren, und ich staune, wie hart-
näckig sich „Altlasten" von meiner Erziehung zeigen. Manchmal bleibt nach einem guten, fairen
Austragen eines Konflikts ein schlechtes Gefühl
zurück.

Die chassidische Geschichte zeigt mir, dass ich
diese Gefühle nicht brechen kann, sondern im ge-
duldigen, spirituellen Vertiefen verwandeln lassen
kann. Wollte ich sie brechen, so würde ich mir Gewalt antun. Genau dies kenne ich: Zu lange habe
ich die Aggressionen gegen mich selber gerichtet,
aus Angst vor der Auseinandersetzung. Doch ganz
tief in mir spüre ich, dass mein Ärger und meine
Aggressionen mir helfen, mehr Mensch zu werden.
Dieser Hoffnung gebe ich Raum, wenn ich Bücher
zum Thema lese und vor allem in Beziehungen einübe, Konflikte auszusprechen.

Aggression stiftet Beziehung

... heißt ein Buch des Pastoralpsychologen Karl Frielingsdorf. Er möchte damit das einseitig negative Verständnis von Aggression überwinden und positiv ergänzen. Dabei geht er von der ursprünglichen Bedeutung des Wortes aus, vom lateinischen Wort „aggredi = ad-gredi". Es bedeutet „auf jemanden zugehen, herangehen, in Beziehung zu jemandem treten. Diese Wortbedeutung nennt nicht schon die Wirkung, die das Zugehen auf andere hat und ist deshalb zunächst wertfrei."[60] Zu Recht versteht er Aggression als Lebenskraft, als Lebensenergie, die wir für uns und andere einsetzen können. Dabei gilt es zu unterscheiden zwischen den lebensfördernden und beziehungsstiftenden und den zerstörenden und schädigenden Aggressionen. Diese Unterscheidung treffen zu können, gehört zum alltäglichen spirituellen Tun. Es braucht Übung, um mit größerer Achtsamkeit erkennen zu können, was lebensfördernd und was zerstörerisch ist. Frielingsdorf entfaltet diesen

Übungsweg mit vielen Beispielen entlang der Beziehung zu sich selbst, zu den anderen, zur Umwelt und zu Gott. Es ist wichtig, aggressive Lebenskräfte, die lähmen und binden, in der eigenen Sozialisation zu erkennen. Der Jesuit nennt drei lebensbehindernde Elternbotschaften, in denen sie zum Ausdruck kommen:

– „Du darfst leben, wenn du dich anpasst und fügst."
– „Du darfst nur leben, wenn du deine Gefühle unterdrückst."
– „Du darfst nur leben, wenn du Leistung und Erfolg hast."[61]

Sie widersprechen klar der lebensfördernden Botschaft jenes Menschen aus Nazareth, der die Menschen zur Selbstwerdung, zum Ausdrücken der Gefühle und zum Angenommensein vor aller Leistung angestiftet hat. Denn nur Menschen, die sich selbst mit ihren Licht- und Schattenseiten angenommen haben, die zu ihrem Selbst gefunden haben, können dann versuchen, es loszulassen für ihre Ideale. Darum sieht die Psychologin Verena Kast den Sinn des Ärgers im „Anreiz zur Selbstbehauptung und Selbstentfaltung"[62]. Es gehört zur wesentlichen Aufgabe eines spirituellen Wachsens, das eigene Selbstwertgefühl zu stärken. Unsere Aggressionen, unser Ärger, unsere Wut können uns dabei helfen. Darum kann ich sie auch willkommen heißen, um sie zu gestalten. Ein religiöser Mensch kann lernen, zu all seinen Gefühlen zu stehen. Die Geschichte der Spiritualität zeigt, wie die eigene Überheblichkeit zu Intoleranz und Verurteilung führt, wenn ich nämlich andere abwerte, um selbst besser dazustehen. Es ist dies kein Zeichen von Stärke, sondern von mangelndem Selbstwertgefühl. Verena Kast zeigt diesen Zusammenhang sehr deutlich am Beispiel der passiven Aggressionen: Das sind Aggressionen, die ich etwa durch Schweigen unterdrücke oder durch Herunterspielen. So mag ich gut dastehen, doch ich delegiere dem oder der anderen meine aggressiven Gefühle: „Passive Aggressionen wirken entwertend, oder sie arbeiten mit Entwertungen und mit Mißachtungen. Der Respekt fehlt. Die Absicht ist aber gar nicht so sehr, den anderen Menschen zu schädigen, wie es bei einer offenen, destruktiven Aggression sein kann, sondern die Absicht, anständig zu sein, vor allem, um den anderen Menschen nicht zu verlieren, vielleicht sogar, um den anderen nicht ins Unrecht zu setzen. Und dabei passiert genau das Gegenteil. Wenn wir passiv aggressiv sind, sind wir nicht anständig, sondern wir sind sogar recht unanständig, weil wir auch noch mit falschen Karten spielen ... Passive Aggressionen verletzen den Selbstwert eines anderen Menschen oft sehr viel mehr als ein offener Vorwurf, auf den man ebenso offen eingehen kann. Wir müssen die passiven Aggressionen auch bei uns selber enttarnen und uns immer fragen, ob wir so schwach und die anderen Menschen so übermächtig sind, dass wir passiv aggressiv reagieren müssen, oder ob wir bloß aus Feigheit einem Konflikt aus dem Weg gehen, oder aber, ob uns der heimliche Machtzuwachs sogar gerade recht ist.“[63]

Das Entdecken einer Spiritualität der Konfliktfähigkeit, wie Jesus sie gelebt hat, hilft mir, diese subtilen, versteckten Aggressionen bei mir und anderen wahrnehmen zu können. Ein befreiend-verantwortungsvoller Umgang mit Aggressionen führt wirklich zu solidarischer Lebendigkeit.

Spiritualität der Konfliktfähigkeit

Ich hatte lange Angst vor meinen Aggressionen und noch mehr vor Menschen, die ihre Wut ausdrücken konnten. Den Umgang mit meiner Wut habe ich subtil in Arbeitswut ausgelebt. Das Weglaufen vor diesem Schatten – das Enneagramm, diese alte spirituelle Lehre von den Persönlichkeiten, nennt es Wurzelsünde[64] –, hat mich krank gemacht. Geheilt, erlöst kann ich nur werden, wenn ich mir eine lange Zeit einen Schonraum eingestehe, um zu einem befreiteren Umgang mit meinen Aggressionen zu finden. Durch diese persönliche Erfahrung bin ich bei mir und andern hellhörig geworden, aus welcher Motivation die Arbeit geprägt und genährt wird. Auf diesem Weg der Selbsterkenntnis war mir auch schnell klar, dass ich einen erlösten Umgang mit meinen Aggressionen nicht nur mit neuen psychologischen Erkenntnissen angehen konnte. Vielen Menschen geht es so. Ohne eine gleichzeitige spirituelle Aufarbeitung können zu viele ungute Gefühle zurückbleiben. Denn auch bei den Aggressionen geht es sehr stark um das Selbstwertgefühl mit einer zutiefst spirituellen Dimension.

Beim persönlichen Aufarbeiten werde ich dabei immer wieder mit dem Gottesbild konfrontiert, das in der christlichen Tradition auch mit meinem Bild von Jesus zu tun hat. Der sich ereifernde Gott, wie er uns im Ersten Testament begegnet, und der herausfordernde Jesus, der höchste Konfliktfähigkeit wagt, können mir helfen, auch einen Zugang zu meinen Aggressionen zu finden. In der Tradition ist vom „heiligen Zorn" die Rede. Damit konnte ich so lange nichts anfangen, wie ich meine Aggressionen hinunterschluckte! Dahinter steckte bei mir die Angst vor dem Liebesentzug. Obwohl sich solche Motive der Strafe auch in biblischen Texten finden, werden sie immer mehr überwunden durch die Treue, die Gott niemals zurücknimmt. Dieses Urvertrauen braucht es, um Konflikte austragen zu können. Leicht gesagt! Denn in meiner Wut komme ich mit vernichtenden Bildern und Phantasien in Berührung, in denen ich eben die Existenzberechtigung des Anderen in Frage stelle. Im Annehmen des Schattens, der viel mit dem eigenen Selbstwertgefühl zu tun hat, beginnt der spirituelle Weg; nicht im Brechen meiner Aggressionen, sondern im Gestalten und Verwandeln. Mir hilft dabei sehr, täglich einzuüben, dass ich in meinen Begegnungen, Gesprächen und aller Kommunikation mit anderen immer nur einen Teil des Menschen mir gegenüber wahrnehme. Eine befreiende Spiritualität der Konfliktfähigkeit wächst im Austragen von Ärger, das dem anderen seine Würde nicht abspricht. In meiner Wut, meinen Aggressionen, meinem Ärger nehme ich bei mir und bei der Person, die diese Gefühle in mir auslöst, immer nur einen Teil wahr. Obwohl mich die Wut mit großer Wucht besetzen kann, bin ich nie nur Wut. Es ist ganz wichtig, mir dies in Erinnerung zu rufen. Zugleich lässt sich die Person, die bei mir solche Gefühle auslöst, nicht nur auf die Aggressionen reduzieren. Der gute, göttliche Kern ist gegenwärtig in jedem Menschen. An dem Bewusstsein dafür zu arbeiten, heißt für mich konkret die Feindesliebe einzuüben – Feindesliebe, die nicht ohne Auseinandersetzungen möglich ist. Es gibt keine Liebe ohne Gerechtigkeit. Wenn meine Rechte und die Rechte von anderen mit Füßen getreten werden, bin ich als religiöser Mensch verpflichtet, mich zu wehren. Wir sollten nicht müde werden, die Spannung der jüdisch-christlichen Tradition zwischen Barmherzigkeit und Gerechtigkeit auszuhalten.

Jesus stellt sich klar auf die Seite der AußenseiterInnen, ohne Feindbilder zu fördern. Die Auseinandersetzungen mit den Pharisäern zeugen von seiner Nähe und Sympathie zu ihnen. Sie sind es ihm wert, Konflikte auszutragen. Das ist ein Streit, der im Kernstück seiner Botschaft, der Bergpredigt, entfaltet wird. Die Frage des Bösen geht Jesus dabei radikal – d.h. von der Wurzel her – an. Er verweist jede und jeden auf sich selbst, darauf, welche Motivation zutiefst im eigenen Herzen ist. Wir sollten nicht überrascht sein, wenn wir in diesem Prozess mit unseren Aggressionen in Kontakt kommen. Sie lassen uns beziehungsfähiger werden, wenn wir sie verwandeln lassen. Auch das Gebet kann dazu helfen. Jesus würde nicht von Feindesliebe reden, wenn er die Realität, Feinde zu haben, nicht kennen würde. Statt sich zu ducken oder zurückzuschlagen, zeigt er einen dritten Weg, damit umzugehen: den gewaltfreien Widerstand. Obwohl er rät, die andere Wange hinzuhalten, wenn die eine geschlagen wird, tut er es im Ernstfall beim Verhör selbst nicht. Er leistet Widerstand, indem er fragt: „Warum schlägst du mich?" (Johannes 18,23)

Voll innerer Ergriffenheit reagiert er, wenn sein Freundeskreis ihn von seinem Weg abhalten will. Angesichts des Todes ist er aufgewühlt, weil er das Leben und die Menschen liebt. Wenn in diesem Zusammenhang vom belasteten Wort „Opfer" die Rede ist, so darf es nicht länger verwendet werden in der Unterstellung, dass Gott seinem Sohn aus Liebe Gewalt antut! Sein Kind zu opfern, kann nie aus Liebe geschehen! In unseren Kirchen wird leider noch zu oft ohne Einfühlsamkeit mit solchen biblischen Motiven umgegangen. Es fehlt am Realitätsbezug zur Gewalt in den Familien – zum Beispiel des sexuellen Missbrauchs.

Jesus blieb gerade nicht in der Opferrolle. Sein selbstbewusster Weg des gewaltfreien Widerstandes war ein stetes Hineinwachsen in seine Hingabe, um die Spirale der Gewalt zu durchbrechen.

Das ist eine Konsequenz, die nicht fremdbestimmt war, sondern aus Gottesliebe geschah, die immer auch Selbst- und Nächstenliebe ist. Weil er ein Leben lang „ich" gesagt hatte, konnte er sein Leben lassen für seine Ideale. Damit hat er uns das Bild des ohnmächtigen Gottes eröffnet, der mitleidet, mitschreit, weil darin tiefste Lebenskraft zum Ausdruck kommt. Bis heute lebt er weiter in all den Menschen, die bereit sind, aus Liebe zum Leben, zu Gott, ihr Leben einzusetzen für die Menschenrechte. Jesu Hingabe ist kein Zeichen seiner Schwäche in sich selbst, sondern seiner Stärke. Sein Tod eröffnet uns den Himmel, indem wir uns befreien lassen von Allmachtsphantasien. Konrad Stauss sieht die Seligpreisungen Jesu als Individuationsprozess, denn nach ihm kann von Gewaltlosigkeit erst geredet werden, „wenn ich keine Gewalt gegen mich selbst in Form von Selbstabwertung und Schuldgefühlen und keine Gewalt gegen andere in Form versteckter, manipulativer oder offener, direkter Form ausübe. Die psychischen Voraussetzungen dafür sind klare, fest strukturierte Ich-Grenzen. Und diese Ich-Grenzen sind besetzt mit konstruktiver

Aggression."[65] Ein hilfreicher Gedanke! Aggressionen helfen mir, meine Grenzen anzunehmen. Sie lassen mich Ehrlichkeit mir und anderen gegenüber einüben, weil ich durch sie entdecke, was ich wirklich brauche zum Leben. Diese lebensfördernde Seite der Aggressionen wird erlebbar, wenn ich sogar einübe, meinen Feinden zu verzeihen. Denn solange ich in Feindbildern verhaftet bleibe, brauche ich dafür unglaublich viel meiner Lebenskraft. Ich gebe dem Täter, der Täterin zu viel Macht und behindere meine Lebendigkeit. Da beginnt die Versöhnung, wie sie Jesus ausgedrückt hat: „Vergib ihnen, denn sie wissen nicht, was sie tun" (Lukas 23,34). Versöhnung, die nicht machbar ist. Aus meiner eigenen Geschichte weiß ich, wie gerne ich vom Kopf her verzeihen möchte und ein Teil meines Herzens noch nicht dazu bereit ist. Mich annehmen in dieser Verletzlichkeit und zugleich jeden Tag „für meine Feinde beten" führt mich zur zentralen Grundhaltung eines spirituellen Weges: Es liegt an mir, meine Geschichte aufzuarbeiten, und es liegt nicht in meiner Hand mich mit ihr zu versöhnen. Denn Versöhnung ist wie alles Wesentliche im Leben ein Geschenk. Im

Einüben eines befreienden Umganges mit meinen Aggressionen gehe ich Schritt für Schritt vorwärts auf diesem Weg.

Meinen Ärger umarmen

Ich glaube, dass das Leben eines jeden Menschen bemerkenswert ist; es hat seine Dramen und Geheimnisse. Die Menschen erzählen ungern davon, weil sie sich schämen und die Wunden nicht aufkratzen wollen oder sich fürchten, der unmodischen Sentimentalität bezichtigt zu werden.
Krzysztof Kieslowski[66]

Im Umgang mit Ärger gibt es verschiedene Lebensgeschichten. Die einen sind aufgefordert, den Ärger erst einmal überhaupt oder deutlicher zu spüren, um ihn verwandeln zu lassen. Andere leiden darunter, dass sie zu schnell und zu heftig ihren Emotionen freien Lauf lassen und dadurch andere und sich selber zu sehr verletzen. Wie immer ich es erfahre: Mit dem polnischen Regisseur Kieslowski (Zyklus über die Zehn Gebote und Trilogie: Blau, Rot, Weiß) werde ich ermutigt, zu meiner Geschichte zu stehen. Denn ich habe keine andere. Meine Würde erfahre ich nur durch das Annehmen meiner Lebensgeschichte. Auch in der buddhistischen Tradition wird darauf hingewiesen, bei starken Emotionen nicht zu schnell zu handeln und tiefer zu sehen, bis hinein in meine Kindheit. Thich Nhat Hanh spricht vom „Zur-Ruhe-kommen" in fünf Schritten:

1. Erkennen – Wenn wir ärgerlich sind, erkennen wir den Ärger und sagen: „Ich weiß, dass Ärger in mir ist."

2. Annehmen – Wir streiten nicht ab, dass wir ärgerlich sind. Wir akzeptieren das, was da ist.

3. Umarmen – Wir umarmen unseren Ärger – geradeso wie eine Mutter ihr weinendes Kind umarmt. Wir umarmen unser Gefühl mit unserer Achtsamkeit. Schon das allein kann unseren Ärger und uns zur Ruhe bringen.

4. Tief schauen – Wenn wir uns genügend beruhigt haben, gelingt es uns, tief zu schauen. So können wir herausfinden, was unseren Ärger ausgelöst hat, warum unser inneres Kind sich so unwohl fühlt.

5. Verstehen – Dieses tiefe Schauen lässt uns die vielen Ursachen und Bedingungen erkennen – primäre wie sekundäre –, die zum Entstehen unseres Ärgers beigetragen, die unser Kind zum Weinen gebracht haben."[67]

Es kann viel Zeit brauchen, Wochen, Monate, um diese fünf Schritte mit der ganzen Existenz mitvollziehen zu können. Jede und jeder hat ihren/seinen Rhythmus, und das ist gut so. So werde ich meiner Geschichte, meinem Charakter gerecht und lasse mich nicht unter falschen Druck setzen. Eine Begleitung auf diesem spirituellen Weg wird mir helfen, nicht verhaftet oder überwältigt zu bleiben und mir wohlwollend zu begegnen, damit echte Heilung möglich wird.

Die Opferrolle verlassen

Mark of Cain
Child of pain
Child of rape
is growing in me

Das Kainszeichen
Kind des Schmerzes
Kind der Gewalt
wächst in mir
Noa[68]

Die Geschichte von Kain und Abel ereignet sich auch heute leider in vielfältigen Variationen. Die israelische Sängerin Noa singt in ihrer Ballade eindrücklich davon. Um mit meinen Aggressionen einen Versöhnungsweg gehen zu können, komme ich nicht um die Fragen nach Täter/in und Opfer herum. Meine Lebendigkeit wird wachsen, wenn ich „Abschied von der Opferrolle"[69] nehme. Verena Kast ermutigt in ihrem hervorragenden Buch dazu – es ist die Voraussetzung, das eigene Leben zu leben.

Am Beispiel vom Märchen „Blaubart" zeigt sie auf, wie Wege aus der Opferposition möglich sind. Dabei müssen wir uns bewusst sein, dass „Opfer und Aggressor sehr leicht die Rollen vertauschen können."[70]

Als Opfer ist die Gefahr groß, dass „man die eigenen Gefühle nicht wahrnimmt und sich mit den vermeintlich attraktiveren Werten des Angreifers identifiziert. Im Grunde genommen heißt das schon, dass man sich selber als wenig kompetent und wirksam beurteilt und sich daher mit der Macht eines anderen Menschen identifizieren zu müssen meint ... Eine Aggressor-Opfer-Dynamik hört dann auf, wenn das Opfer nicht mehr mit dem Opferstatus identifiziert bleibt. Das ist aber nicht so einfach: Die Grandiosität, die in der Rolle des Aggressors, in der Rolle der Aggressorin steckt, steckt letztlich auch in der Rolle des großartigen Opfers."[71]

Um diese Dynamik durchbrechen zu können, braucht es Menschen mit einem gesunden Selbstwertgefühl. Wenn ich daran arbeite, gestalte ich aktiv mit am Versöhnungsprozess auch in einer größeren Dimension. Nein sagen und mich abgrenzen können sind wichtige Voraussetzungen, um der Versöhnung, der Liebe eine Chance zu geben. Der Therapeut Peter Schellenbaum bringt es auf den Punkt: „Wer nicht lernt, in der Liebe zum andern nein zu sagen, weicht gerne in eine ‚Wohlfahrtsehe‘ aus. Das totale Ja führt leicht zum totalen Nein: Diese Erfahrung machen Liebende schon nach kurzer Zeit ... Der traurige Verlust der Liebesbindung kommt daher, dass das Nein in der Liebe nicht eingeübt wird. Aus Angst vor dem Nein können zwei Partner nicht mehr ja zueinander sagen. Weil sie sich nicht mehr abgrenzen können, können sie sich nicht mehr begegnen. Weil sie sich nicht sagen können: ‚Jeder von uns hat einen eigenen Bereich, den er mit dem andern nicht teilt: eigene Anlagen, Interessen, Leidenschaften‘, können sie sich auch im gemeinsamen Mittelfeld nicht mehr treffen.“[72]

Darum bleibt eine vordringliche Aufgabe eines spirituellen Menschen, sich und andere zu bekräftigen, eigene Aggressionen wahrzunehmen, die eigene Opfer- oder Täterrolle zu durchbrechen und sich abgrenzen zu können. Nur so kann echte Verwandlung zur Versöhnung im Kleinen und weltweit geschehen.

Meine Himmelsleiter zum Alltag

POSITIVEN ZUGANG
ZU MEINEM ÄRGER FINDEN

Ausgehend von meiner Geschichte und meinen Verhaltensweisen mit dem Ärger versuche ich, einen positiven Zugang dazu zu finden. Ich achte dabei besonders auf den Aspekt meines Selbstwertgefühls:

– Wo hat mir Ärger und/oder Aggression geholfen, mehr ich selbst zu werden? Wo konnte ich durch meinen Ärger mein Selbstwertgefühl stärken?

– Wo delegiere ich meinen Ärger, um gut dazustehen, um mich meinem Schatten nicht zu stellen?

– Wo bin ich durch die Unterdrückung meiner Aggressionen zu lange in meiner Opferrolle geblieben und habe die Schuld nur bei den anderen gesucht?

Diese Fragen sind nur als Impuls gedacht, besser ist es, nach dem Lesen dieses Kapitels die ganz eigenen Fragen zu finden. Dies gilt auch für Grund-Sätze, die mir helfen, mehr Konflikte zu wagen. Mir hilft zum Beispiel der Gedanke:

„Wenn ich mit jemandem Konflikte austrage und mich hineinbegebe mit meinen Gefühlen, auch mit meinem Ärger, dann drücke ich dieser Person meine Wertschätzung aus. Sie ist es wert, dass ich so viel Energie investiere, weil mir an der Beziehung zu ihr etwas liegt."

Welcher Gedanke kann mir helfen?

AUSDRUCKSFORMEN FINDEN FÜR MEINEN ÄRGER

Auch bei diesem Themenkreis geht es um die zentralen spirituellen Grundhaltungen des Loslassens und Verwandelnlassens. Beides ist nur möglich, wenn ich zunächst *wahr-*

nehme, was ist. Je nach Temperament suche ich mir Ausdrucksformen für meinen Ärger. Es kann sein, dass ich einübe, ihn deutlicher wahrzunehmen; oder dass ich lerne, mit meinen spontanen starken Emotionen zurückhaltender zu sein. Ich suche nach Ausdrucksformen, ohne mir, anderen oder der Schöpfung Gewalt anzutun:

– Schreiben eines Briefes, den ich nie abschicken, sondern nach einer bestimmten Zeit verbrennen werde.

– Malen oder Tonen, um meine Energien kraftvoll fließen zu lassen; mir dabei ein ganz großes Plakat bereitstellen als

– Ausdruck dafür, dass ich mir genügend Raum zum Austoben zugestehe.

– Schreien im Wald: Ich übe, meiner Stimme mehr Ausdruck zu verleihen.

– Sport: auch als Möglichkeit, um Aggressionen verwandeln zu lassen.

MEINE FEINDE SEGNEN

„Gott liebt nicht die Sünde, sondern den Sünder"
ist ein Gedanke, der mir hilft, für Menschen zu
beten, mit denen ich mich schwer tue. Denn dadurch rechtfertige ich nicht ihr Handeln oder bil-
lige die Ungerechtigkeit, sondern ich drücke aus,
dass sie wie ich darauf angewiesen sind, aus der
Spirale des Bösen befreit zu werden.

– Am Ende einer Schweigemeditation segne ich
   innerlich die Menschen, die mich verletzt haben.
   Es ist schwer: Ich segne Diktatoren, Kriegsver-
   brecher – dies kann auch spontan beim Zeitungslesen geschehen, dass ich einen Moment
   innehalte und für diese Menschen bete. Dabei
   achte ich darauf, dass ich nicht überheblich werde, denn die Gewalt, die mir von außen begegnet, hat auch in mir ihre Wurzeln. Versöhnung
   ereignet sich im Aufschrei gegen die Ungerechtigkeit und im Loslassen in Gott hinein, damit
   noch mehr Menschen sich von seinem Geist zur
   Gerechtigkeit bewegen lassen.

– Vor dem Beten des „Mutter-/Vaterunsers"
innehalten und mir überlegen, wie die Bitte der
Vergebung der Schuld sich heute konkretisieren
kann: Wem möchte ich Versöhnung schenken,
von wem wünsche ich mir Versöhnung?

– In gemeinsamen Gottesdienstfeiern: Geste-
hen wir uns zu, dass Aggressionen zu unserem
Lebens- und Glaubensweg gehören. Nur so
können wir auch im Feiern der Sakramente das
echte Angerührtsein der Versöhnung erfahren,
damit unsere Schwächen uns zur Stärke werden.

MICH AUS DER OPFERROLLE BEFREIEN

In der Auseinandersetzung mit den Aggressionen komme ich an die Frage von Täter/in und
Opfer. Falsches Selbstmitleid hilft da nicht weiter,
obwohl solche Momente auch dazugehören dürfen. Auch hier können neue Fragestellungen mein
Verhalten im guten Sinne in Frage stellen:

– Statt „Warum" frage ich „Wozu": Aus den ersten
Emotionen des Warums versuche ich immer

mehr zu spüren, woran ich nun wachsen kann an diesem Ärger, diesem Unrecht. Ich kann also nicht *den* Sinn dieser Schwierigkeit finden, sondern Sinn *in* dieser Schwierigkeit entdecken.

– Ich gestehe mir ein, dass ich auch TäterIn bin: Ich lerne subtile Formen der Gewaltausübung erkennen, die oft verletzender sein können als ausgedrückte Aggressionen.

– In meinem monatlichen Oasentag überprüfe ich, wie viel Lebenskraft in Ärger fließt, wie viel Macht ich Autoritäten gebe und mich dadurch selbst hindere, aus der Opferrolle auszubrechen und mein Leben in die Hand zu nehmen. Ich weigere mich, mit andern hintenrum über andere zu sprechen und nutze diese Energie, um konstruktive Kritik einbringen zu können.

Zum Innehalten

Mich versöhnen
nicht aus Verdrängung
und falschem Harmoniebedürfnis

Mich versöhnen
nicht dem faulen Frieden zuliebe nicht aus
Angst vor neuer Ablehnung

Mich versöhnen
im vollen Bewusstsein wie mir
Ungerechtigkeit widerfahren ist

Mich versöhnen
weil ich Wut und Aggressionen
ausdrücken konnte

Mich versöhnen
weil ich dadurch nicht mehr gefangen bin
in meiner Destruktivität

Mich versöhnen
im befreienden Verzeihen
damit Feindbilder überwunden werden

Mich versöhnen
nicht weiterhin nur den Dämon
sondern auch den Engel im Feinde sehen

Mich versöhnen ich arbeite daran
obwohl ich weiß dass Versöhnung
letztlich Geschenk ist

V.
VON DER KUNST DES
LOSLASSENS

Rabbi Mordechai sprach: „Man darf sich nicht
sorgen. Eine einzige Sorge ist dem Menschen
erlaubt: darüber, dass er sich Sorgen macht."
Martin Buber[73]

Ich rede und schreibe viel vom Loslassen, weil mir
diese Kunst manchmal schwer fällt. Ich kann es
nicht lassen, vom Loslassen zu reden, weil ich keinen spirituellen Weg kenne, der nicht zutiefst ein
Weg des Loslassens ist. Wenn Zweifel mich einholen, über etwas zu schreiben, das ich selbst noch
so wenig lebe, helfen mir Gedanken von Richard
Rohr über das Loslassen weiter: „Der Akt unseres Glaubens besteht darin, dass wir das weggeben
und verschenken, was wir noch gar nicht haben –
deswegen ist es Glauben. Das ist für uns so schwer
zu verstehen: Wie kann ich etwas weggeben, was
ich gar nicht habe? Aber dennoch gehe ich hinaus

und heile andere, auch wenn ich selber noch nicht geheilt bin. Ich heile durch meine Gebrochenheit, nicht durch meine Macht."[74]

Die heilsame Erfahrung, dass ich in meiner Gebrochenheit meine Stärken entdecken kann, finde ich auch in vielen mystischen Lebenszeugnissen. Und es ist für mich tröstlich, zu erfahren, dass große MystikerInnen diesen scheinbaren Widerspruch auch erlebt haben. Wenn solches Suchen im Nachhinein ausgeklammert wird, wenn Menschen überhöht werden, dann finde ich keinen Zugang zu ihnen. So erging es mir auch mit Thérèse von Lisieux. Was andere mir von ihr erzählten, klang so abgeklärt, dass ich keine Lust verspürte, ihren so genannten kleinen Weg kennen zu lernen. Erst der Titel der Biographie von Christian Feldmann, „Die schwarze Nacht des Glaubens", ließ mich aufhorchen. Ihr Weg des Loslassens ist für mich aktuell und glaubwürdig geworden, weil sie eben auch zu ihren Zweifeln stand: „Ich besinge, was ich glauben will, doch ohne jede Empfindung. Ich möchte Ihnen gar nicht schildern, wie schwarz die Nacht meiner Seele ist, aus Angst, Sie mit meinen Anfechtungen anzustecken"[75], schreibt sie.

In dieser Haltung wage ich weiterhin vom Loslassen zu schreiben, für und mit all jenen, die sich ebenso schwer tun damit. Ich übe weiterhin das Loslassen ein und weiß, dass es nicht machbar ist. Diese Lebensweisheit habe ich auch bei Meister Eckhart gelernt. Als ich all seine Bücher beiseite gelegt hatte und mich in aller Bescheidenheit gefragt habe, was ich davon begriffen habe, kam mir folgender Gedanke. Von Meister Eckhart kann ich lernen, dass Loslassen das größte Ziel ist im Leben – und darum lasse ich dieses Ziel los.[76]

Die folgenden Gedanken leben von dieser Grundhaltung.

Mich selber lassen

Ein gelassener Mensch beschäftigt sich nicht mit sich selbst, als ob er um sich selbst nichts wüßte; denn dadurch, dass Gott ist, sind in ihm alle Dinge herrlich ausgerichtet.
Heinrich Seuse[77]

Lassen kann ich nur, was ich gefunden habe. Selbst-los kann ich nur werden, wenn ich Zugänge zu meinem Selbst gefunden habe. Auf einem spirituellen Weg besteht die Gefahr, dass ich viel weiter sein will, als ich wirklich bin. Die Biographien vieler MystikerInnen zeigen, wie für sie ein Weg des Lassens mit der eigenen Selbsterkenntnis beginnt. Auch die alten Mystiker Meister Eckhart, Johannes Tauler und Heinrich Seuse[78] sprechen in diesem Sinne von der Gelassenheit. Ihr intensives Denken und Suchen ist eine Ermutigung, sich mit sich selbst, der Welt und mit Gott auseinanderzusetzen. Doch ihre befreiende Lebensweisheit spricht in alldem vom alltäglichen Lassen, weil wir weder uns selbst noch andere – und Gott schon gar nicht *haben* können. Hoffende, Glaubende, Liebende sein, bedeutet Vertrauen wachsen zu lassen in das, was noch wird. Wenn Heinrich Seuse ermutigt, nicht um sich selbst zu kreisen, so geht er von diesem großen Urvertrauen aus, dass in mir, dass in meinem Selbst Gott ist, der mich mit allen Dingen verbindet. Diese Hoffnung muss geerdet sein in der Entwicklung der eigenen Persönlichkeit.

„Entwickelt euch zuerst", sagt Pierre Teilhard de Chardin:

„Dieser erste Schritt zur christlichen Vollkommenheit wird in der geistlichen Literatur im allgemeinen nicht beleuchtet. Vielleicht erscheint er den Verfassern so selbstverständlich, dass sie es nicht notwendig finden, überhaupt davon zu sprechen – vielleicht erscheint er ihnen aber von einer zu ‚natürlichen' oder gar zu gefährlichen Tätigkeit abzuhängen, als dass es ratsam wäre, darauf zu dringen. Jedenfalls verschweigen sie diesen ersten Schritt und/oder setzen ihn voraus. Das ist ein Unrecht und eine Lücke."[79]

Wenn sich in der christlichen Askese – der enthaltsamen Lebensweise – durch zeitbedingte Vorstellungen auch leib- und weltverneinende Elemente finden, so entdecke ich gerade im Einüben eines einfachen Lebensstils und in der beharrlichen Ermutigung, den Dingen auf den Grund zu gehen, einen Weg zur Lebendigkeit. Das ist eine Lebendigkeit, die sich verstärkt, wenn ich mich auf die befreiende Botschaft des Lassens einlasse. Die Mystikforscherin Annemarie Schimmel entdeckt in der Mystik aller Religionen eine „ethisch-asketische Zucht, die allein den Menschen instandsetzt, auf dem Weg weiterzuschreiten, und für jede niedere menschliche Qualität, die man aufgibt, soll eine höhere treten."[80] Das geschieht dem Leben zuliebe. Weil Leben auch Sterben bedeutet, werde ich lebendiger, wenn ich mein Ich sterben lasse: Dies bleibt ein großes Ziel. Um es erreichen zu können, muss ich zuerst lernen, überhaupt „Ich" zu sagen. Wenn ich einen achtsam-bewussten Lebensstil einübe, kann ich auch entdecken, dass mir im alltäglichen Loslassen meiner Wünsche intensive Lebenserfahrungen geschenkt werden. Daran erinnert Annemarie Schimmel, wenn sie Bezug nimmt auf die Erfahrung des „mystischen Todes", d.h. des Sterbens eigener Vorstellungen, um neue Lebensräume im Hier und Jetzt erfahren zu können:

„Sterbt bevor ihr sterbt", spielt eine wichtige Rolle im Sufismus. Doch auch Angelus Silesius bemerkt:

> Ich glaube keinen Tod, sterb' ich gleich alle Stunden, so hab ich jedesmal ein besser Leben funden.

> „Denn der ‚mystische Tod', selbst auf der höchsten Stufe, ist stets ein Durchgang zum Leben."[81]

Mich selbst loslassen, Bilder von mir lassen, Idealvorstellungen von mir lassen, das eröffnet in mir die befreiende Verheißung des Seins und des Werdens im Gegensatz zum erdrückenden Haben. Im Habenwollen verkrampfe ich mich und stehe mir selbst im Wege. Mich gehen zu lassen ist lebensfördernd! Möglich wird dies jedoch nur, wenn ich vorerst an mir arbeite und meine Persönlichkeit entfalte. Denn das Ideal der mystischen Ichlosigkeit wurde und wird missbraucht von denen, die unmündige Menschen fördern wollen. Dorothee Sölle bringt es auf den Punkt: „Ichlosigkeit wird als Tugend denen empfohlen, die aufgrund gesellschaftlicher Zwänge und abgesichert durch eine rollenfixierte Ideologie nicht ichfähig werden durften. Für lange Zeit hat sich der Sexismus hinter der Askese versteckt gehalten. Heute sind andere Methoden dran. Der Sexismus, der Ausschluß von Frauen von Autonomie und Macht, bedient sich heutzutage eher des Konsumismus. Nicht Ichlosigkeit ist das hochgesteckte Ziel, sondern Fixierung auf die unendlichen Habenbedürfnisse."[82]

Die mystische Botschaft des Lassens ist darum sehr politisch, denn sie hilft uns, den tieferen Sinn des Lebens und Sterbens zu begreifen. Ein solches Begreifen würde dazu führen, dass in unserer Gesellschaft der Tod und damit auch die Kranken und die Behinderten nicht mehr ausgegrenzt werden. Das hat nichts mit einer Erneuerung einer körper und sinnenfeindlichen Sicht zu tun. Ganz im Gegenteil: Lebendig werden und das Sterben ins Leben zurückholen, heißt sinnlicher werden: „Der Konsumismus schädigt nicht nur die Umwelt, sondern uns selber. Er stumpft die Sinne ab, so dass Menschen verlernen, zu riechen, zu schmecken, zu fühlen und zu sehen. Eine unsinnliche – durch Videos jederzeit ersetzbare – Welt ist auch eine sinnlose Welt; Sinn und Sinnlichkeit hängen nicht nur von ihrem Wortstamm her zusammen! Kein Sinn lebt ohne Sinnlichkeit und keine Sinnlichkeit ohne ihre Kultur. Askese wird meistens mit Entäußerung und Ichlosigkeit zusammengebracht. Aber die gewollte, bejahte, aufgesuchte Begrenzung hat ebenso mit Lebensgenuß zu tun, mit der mystischen Freude. Das sein Ich vergessende Selbst taucht ein in das All; es wird fähig von sich abzusehen, und das bedeutet auch, sich zu öffnen. Aus sich selbst herausgehen bedeutet, staunen zu können.“[83]

Mich selbst loszulassen eröffnet in mir die Gabe des Staunens. Ich kann wieder staunen über das Geschenk des Lebens, über mein Aufstehen, Gehen, Liegen, Sitzen, weil es nicht selbstverständlich ist. Ich staune über meine Einmaligkeit, die sich umso mehr entfalten kann, wenn ich nicht besetzt bin von meiner begrenzten Perspektive, sondern Gott in mir wirken lasse.[84] Dabei darf ich vertrauen, dass Gottes Wille zutiefst wohltuend für mich ist. Im Entdecken dessen, was ich zutiefst brauche, was in meinem Innersten angelegt ist, zeigt sich der Wille Gottes, der mich zur Lebendigkeit führt. Denn „Gottes-Mystik verschluckt nämlich nicht die Individualität des Menschen, sondern baut diesen als individuelle Persönlichkeit auf", wie der Jesuit Josef Sudbrack in seinem empfehlenswerten Buch *Gottes Geist ist konkret*[85] aufzeigt. Meine eigene Identität finde ich nur, wenn ich mich lassen kann, wenn ich immer mehr Abbild Gottes werden kann. Dazu braucht es nach Josef Sudbrack den Dialog: „Der Mensch ist von seinem innersten Wesen her ‚dialogisch'; er hat seine ‚Identität', seine ‚Persönlichkeit', nicht in selbstherrlichem Eigenbesitz, sondern nur in der ‚Beziehung', nach Martin Buber: im ‚Zwischen'. Der Mensch wird er selbst, wenn er sich auf den anderen hin, auf das Du ausrichtet ... Der christliche Glaube nimmt diese ‚dialogische Grundbeziehung' einer jeden Liebe auch für das Verhältnis des Menschen zum Absoluten in Anspruch ... Wenn die eigene Identität von ihrem Wesen her dialogisch ist, also in dem Anderen ruht, den wir Gott nennen, kann die ersehnte Ganzheit nicht aus der alleinigen Kraft des Subjekts verwirklicht werden, sondern muss sich auf diesen ‚absoluten Anderen‘ beziehen; in der Frömmigkeitssprache ausgedrückt: auf Gottes Willen und auf Gottes Führung; mystisch mit Augustinus gesagt: auf den Gott, der mir innerlicher ist als mein Innerstes.“[86]

Wenn es diese Hoffnung ist, mit der ich mich einbringe, in Beziehungen einbringe und gleichzeitig zurücknehme, dann werde ich liebensfähiger. Lieben heißt empfangen und geben, sich einlassen auf die Freundin oder den Freund, ohne dabei die eigene Sicht der Dinge auszuklammern. Solche mystischen Motive entdecke ich auch in einer therapeutischen Entwicklung, wenn Widerstände aufgegeben werden können. Es ist unglaublich sinnstiftend für mich, Anteil nehmen zu können an der Verwandlung eines Menschen. Welch eine Wohltat, wenn Menschen nach jahrelangem Ringen und Suchen, Zweifeln und Hoffen festgefahrene, krank machende Bilder aufgeben können, weil sie der lebensfördernden Kraft einer Krise getraut haben und sich begleiten ließen im Einüben des Lassens. Auf solchem Weg zu sich selbst, in solchem Menschwerdungsprozess taucht allmählich „ein neues Bild auf vom Leben, wie es sein kann, wenn die inneren Verkrampfungen sich lösen", schreibt der Therapeut James Bugental. „Dann folgt für die meisten, die sich so weit vorwagen, eine Krisenzeit. Jetzt steht der Klient vor der Notwendigkeit, alte Lebensweisheiten wirklich aufzugeben, Lebensweisen, die durch lange Gewöhnung fest in seine persönliche Identität und die Welt, in der diese Identität gesetzt wurde, verflochten sind ... Wenn ich zu erkennen beginne, dass meine wahre Identität nicht Substanz, sondern Prozess ist, dann stehe ich am Rande einer entsetzlichen Leere und wunderbaren Freiheit."[87] Darum geht es in der Mystik. Die Angst vor der Leere behutsam zu verlieren, um darin die Chance einer ganz persönlichen, wunderbaren Freiheit zu erfahren. Eine innere Freiheit, in der ich weniger tun muss und mehr werden kann. Je leerer ich werde, umso mehr kann ich erfüllt werden von Gott. Auch KünstlerInnen bestätigen dieses Aushalten der Leere, das zur echten Kreativität führt. Der Theologe und Goldschmied Josua Boesch erzählt durch seine Metallikonen vom „Geheimnis der Leere! Man beginnt wieder zu atmen. Alles ist wieder offen. Der Wind bläst hindurch. Ein heiliger Wind. Man spürt eine Frische wie Morgenluft. Beginnt es zu dämmern? Beginnt etwas Neues? Ein neues Denken? Ein neues Begegnen? Da stehen wir jetzt mit leeren Händen, wie ER in der Ikone."[88]

Mich lassen, mit leeren Händen offen sein für das neue Leben, das jeden Tag neu in mir geboren werden möchte. Mit leeren Händen durch die Welt gehen, indem ich meine Erfahrungen mit mir selbst, den anderen und auch mit Gott immer wieder loslasse, um lebendig zu bleiben.

Engagierte Gelassenheit

> Ein völlig freies Leben, bei dem man
> einfach nach eigenem Gutdünken etwas tun
> oder lassen kann, ist für mich unvorstellbar.
> Ich sehe mich vielmehr gezwungen, immer
> das zu tun, was mir in einer bestimmten
> Lebensetappe als das Wichtigste und
> Notwendigste erscheint.
> *Andrej Tarkowskij*[89]

Mich und andere zu lassen wird leider oft miss-
verstanden als Gleichgültigkeit oder Oberfläch-
lichkeit. Und das Ideal der Selbstliebe kann missbraucht werden, um die eigene Freiheit absolut zu
setzen und die Entsolidarisierung und Vereinsamung in dieser Welt zu verstärken. Dies kann kein
echter, mystischer Weg sein. Radikale Subjektivi-
tät und leidenschaftliches Engagement müssen
sich nicht ausschließen. Der russische Regisseur
Andrej Tarkowskij ist für mich Ausdruck dieser
Synthese. Mit unbeirrbarer Kraft und Ichstärke
hat er sich in seinen Filmen wie *Andrej Rubljow*,

Solaris, *Der Spiegel* und *Opfer* bis zu seinem Tode auf die Suche nach der verlorenen Spiritualität in unserer Welt gemacht. Engagierte Gelassenheit ist in seinen Filmen hautnah zu spüren. Je gelassener ein religiöser Mensch wird, umso mehr wagt er sich hinaus in die Grenzbereiche unseres Lebens. Jedem Menschen seinen ureigenen Weg zugestehen, bedeutet nicht, sie oder ihn hängen zu lassen. Wirklich lassen kann ich nur jemanden, wenn ich auch Anteil nehme an seiner Welt, seinem Fühlen, Denken, Bangen und Hoffen. Meine Kinder sich entfalten zu lassen, damit sie so werden können, wie sie Gott von Anfang gemeint hat, bedeutet nicht, sie der Spirale der Konsumgesellschaft zu überlassen. Ethische Werte sind entscheidend auf einem Weg zu echter Gelassenheit, doch dabei muss der Freiraum bleiben, damit jede und jeder den Weg gehen kann, den sie oder er als Notwendigkeit zutiefst in sich spürt.

Bei Jesus lerne ich täglich engagierte Gelassenheit. In der Begegnung mit der Ehebrecherin (Johannes 8) wird sie sichtbar. Auch Jesus wird mitten im Alltag mit dem Ernstfall des Lebens und des Glaubens konfrontiert. In der Begegnung mit der Ehebrecherin wird er einerseits berührt von der Zerbrechlichkeit von Menschen, andererseits sieht er sich konfrontiert mit der Hinterlistigkeit und Rivalität der Gesetzeslehrer. Es ist eine höchst komplexe Situation, wie wir sie oft erleben: Ein Problem ruft das andere hervor. Wie kann ich darin gelassen bleiben?

Jesus, der Liebhaber des Lebens, zeigt mir Wege zu echter Gelassenheit auf, indem er zuerst Distanz zu den brennenden Fragen schafft. Er geht in sich, bückt sich und schreibt etwas in den Staub auf der Erde. Mein Tun, mein Einstehen für Gerechtigkeit wirkt mehr, wenn ich mich sammle und in Berührung komme mit der göttlichen Quelle in mir. Ohne Distanz ist dies kaum möglich. Dabei wende ich mich nicht ab von der Not, sondern schaffe mir zuerst einen Raum des Auftankens, um überzeugender und mit Zivilcourage auftreten zu können. Jesus lässt zunächst alles andere und sammelt sich, um der Eskalation der Ereignisse nicht ausgeliefert zu sein. Danach gelingt es ihm, in wenigen Worten die verbindende Ebene zu schaffen, die den Sündenbockmechanismus entlarvt und jeden Menschen auf sich selbst zurückwirft: „Wer ohne Sünde ist, werfe als erster den Stein."

Ein wegweisendes Erlebnis engagierter Gelassenheit. Denn auch nach diesen Worten bückt er sich wieder und schreibt in den Staub. Er lässt also das Schwierige zunächst, handelt dann voller Solidarität, und auch sein Handeln lässt er wieder und übergibt es dem Ursprung aller Gelassenheit und allen Engagements: Gott. Diese mitfühlende Haltung führt dazu, dass er Menschen nicht an sich bindet. Auch die Frau lässt er in Freiheit vertrauensvoll gehen.

„Du bist zeitlebens für das verantwortlich, was du dir vertraut gemacht hast. Du bist für deine Rose verantwortlich ..."[90] sagt der Fuchs in Saint-Exupérys berühmtem Buch zum kleinen Prinzen. Ein Gedanke, der mich stark geprägt hat und der mir zugleich das Lassen erschwert hat!

Als ich vor einigen Jahren nachspürte, warum es mir so schwer fällt Menschen zu lassen, Abschied zu nehmen, Beziehungen abzuschließen, kam mir ohne Zögern dieser Gedanke von Saint-

Exupéry in den Sinn. Zu lange meinte ich, „zeitlebens verantwortlich zu sein" bedeute, Beziehungen mit gleichbleibender Intensität ein Leben lang aufrecht zu erhalten. Zugleich liegt im Absolutsetzen dieses Gedankens die Gefahr, ständig zu viel Verantwortung zu übernehmen. Heute erfahre ich mich viel gelöster in dieser Hinsicht, weil wir in unserer offenen Gemeinschaft, in der Menschen ein paar Monate mit uns leben und dann wieder gehen, eine Abschiedskultur entwickelt haben. Wir feiern viele Abschiedsfeste! Durch sie kann ich das Loslassen einüben. Ich bereite mich schon einen Monat vorher auf den Abschied vor, spüre die Dankbarkeit für diese Beziehung und ihre Grenzen, lasse Tränen zu und genieße die letzten Tage, Stunden. Obwohl es weh tun kann, vertröste ich mich und die anderen beim Abschied nicht mehr mit Floskeln wie „Wir sehen uns bald wieder!", die die Realität des Lassens letztlich ausklammern. Denn die gemeinsame Zeit des Zusammenlebens wird so nie wieder kommen, und sie lässt sich auch nicht festhalten. Dieses Beispiel aus meinem eigenen, besonderen Alltag lässt mich das Verbindende mit vielen Menschen entdecken, die das Loslassen leben möchten. Seine größer werdenden Kinder weggehen lassen, die Partnerin oder den Partner in ihrer/seiner Entwicklung nicht behindern, kranke Menschen einfühlsam begleiten und sie doch auch lassen können, sind zentrale Erfahrungen von vielen. Gerade in diesem Miteinander ist es entscheidend, in mir zu ruhen. Die Einseitigkeit einer christlichen Spiritualität, die mich dauernd bei andern sein lässt, um möglichst schon vor ihnen zu erahnen, was gut für sie ist, hat nichts mit echter Verantwortung und Vertrautheit zu tun. Zeitlebens verantwortlich bleiben, bedeutet für mich heute, jeden Menschen lassen zu können, ohne dabei das Genießen der Nähe und der Vertrautheit zu unterdrücken und auch ohne dabei in entscheidenden Momenten wirklich da sein zu müssen. Beziehungen bleiben nur lebendig und verwandelbar, wenn wir einander lassen. Lassen heißt nicht aufgeben oder vergessen, sondern es geht letztlich um den tiefsten Grund aller Beziehungen, um Gott. Heute kann ich Beziehungen, die sich wegen räumlicher Distanz oder beruflichen und persönlichen Entwicklungen verändert haben, auch besser abschließen. Denn ich bin überzeugt, dass ich auf einer tieferen Ebene, auf der Seinsebene, weiterhin mit diesen Menschen verbunden bin, sogar über den Tod hinaus.

Auch beim Abschiednehmen angesichts des Sterbens habe ich solche intensive Lebenskraft erfahren. Es gehört zu unserem Lebensauftrag, einander sterben zu helfen. Trauer zu leben lässt mich hineinwachsen in die tiefe Verbundenheit, dass alle gemeinsamen Erfahrungen nicht mehr rückgängig gemacht werden können und dass sie verbindend bleiben. Eine Spiritualität der Gelassenheit wird möglich im Einüben von Abschied, im Aussprechen von Verschiedenheiten, im Aushalten von Konflikten, in der Begleitung von Sterbenden. Lebendig bleibe ich nur, wenn ich mir und jedem Menschen Verwandlung zugestehe. Das ist eine große Herausforderung im konkreten Alltag, wenn ich im Zusammenleben und in der Zusammenarbeit die Verschiedenheit so sehr spüre. Ich versuche dann im täglichen Schweigen morgens und abends anzunehmen, dass das Verbindende in der Verschiedenheit sich entfalten kann. Es ge-

lingt mir einmal mehr, einmal weniger und verweist mich zutiefst auf das Angewiesensein auf
Gott. Bei ihm fühle ich mich geborgen, und trotzdem bleibt er der ganz Andere. Auch Gott ist nicht
zu haben – und es ist mir wichtig, auch ihn jeden
Tag zu lassen.

Gott Gott sein lassen

Das Wort Gott kann gottlos, ohne lebendige Verbindung zu einem ins Selbst hineinrufenden Du, ausgesprochen werden. Dann wird Gott nicht Gott, und der Mensch bleibt in seinem alten Ich isoliert.

Peter Schellenbaum[91]

Als ich in einer persönlichen Krisenzeit meinte, Gott sei mir abhanden gekommen und als mir beim Beten die Worte ausgingen und ich beim Feiern der Eucharistie um jede Silbe rang, da war die Begegnung mit der Mystik für mich die Befreiung zu einer neuen Lebendigkeit. MystikerInnen rufen auf, sich selbst loszulassen, und die andern, die Welt zu lassen, damit eine lebendige Beziehung zu allen Dingen – und d.h. zu Gott – jeden Tag erneuert werden kann. Mit scharfer Kritik wenden sie sich gegen eine Leistungsfrömmigkeit, die Gott haben und verwalten will. Sie bezeugen, dass wir Worte, Bilder und Symbole brauchen, um mitteilen zu können, was uns Menschen zutiefst bewegt; und doch gilt es, all dieses Reden dauernd zu hinterfragen. Meister Eckhart erlebe ich da von befreiender Schonungslosigkeit. Damit die Beziehung zu Gott, zu allem Lebendigen spannend bleibt, löst seine Mystik die Spannung des Redens mit und von Gott nicht auf, sondern fördert sie, damit sie echt bleibt:

„Gott um Gottes willen sein lassen, damit er mir bleibe ..."[92] und „Ich bitte Gott, dass er mich von Gott frei mache ..."[93] sind für mich zentrale Aussagen geworden in meinem Beten und Sein. Es lässt mich Gott nicht als fern erfahren und schon gar nicht als abstrakte, beziehungslose, höhere Macht, sondern als den ganz Nahen, als DU, das in jedem Du, in jeder Beziehung zu allen Menschen und zu allen Dingen spürbar ist. Davon spricht auch Meister Eckhart: „Der Mensch soll sich in keiner Weise je als fern von Gott ansehen, weder wegen eines Gebrestens noch wegen einer Schwäche noch wegen irgend etwas sonst. Und wenn dich auch deine großen Vergehen so weit wegtreiben, dass du dich Gott nicht als nah ansehen könntest, so sollst du doch Gott als dir nahe annehmen. Denn darin liegt ein großes Übel, dass der Mensch sich Gott in die Ferne rückt, ob nämlich der Mensch in der Ferne oder in der Nähe wandelt, Gott geht nimmer in der Ferne, er bleibt ständig in der Nähe, und kann er nicht drinnen bleiben, so entfernt er sich doch nicht weiter als bis vor die Tür."[94]

Auf Gottes Nähe vertrauen heißt, um die lebendige Beziehung zu allem zu ringen. Es ist ein Verwandlungsweg. In der katholischen Tradition feiern wir im Sakrament der Eucharistie diese Wirklichkeit, alles Erlebte, alles Wunderbare und Brüchige verwandeln zu lassen. In der lebensfördernden Erinnerung, dass Sterben und Leben, Lieben und Leiden, Hoffen und Zweifeln zum Leben gehören. Anselm Grün sieht zu Recht in jeder Christin, jedem Christen einen Wandler und eine Verwandlerin. Jeder und jede hat die Priesterwürde, „dass er Irdisches in Himmlisches verwandle. Unser ganzes Leben ist eine beständige Wandlung von Geist in Welt und Welt in Geist, von Gott in Mensch und Mensch in Gott."[95]

Diese Grundhaltung wird erfahrbar im alltäglichen Einüben der Kunst des Loslassens. Auf diesem Weg wird auch das Verbindende mit anderen Religionen und Kulturen erfahrbar. Thich Nhat Hanh schreibt: „Wir haben eine Vorstellung von dem, was Glück bedeutet. Wir glauben, nur unter bestimmten Bedingungen glücklich sein zu können. Aber oft ist es gerade diese unsere Vorstellung von Glück, die uns daran hindert, glücklich zu sein."[96]

Schritt für Schritt das Lassen einüben: im Entdecken und Pflegen des inneren Feuers in mir – und im Lassen dieser Vorstellungen. Im solidarischen Mitsein mit andern, im Fördern ihrer Rechte und Entfaltungsmöglichkeiten – und im Lassen dieser Vorstellungen. In der Erfahrung, Gefundene oder Gefundener Gottes zu sein, im Entfalten der eigenen persönlichen Glaubenssprache, auch im gemeinsamen Feiern – und im Lassen all dieser Vorstellungen: Darin liegt die Spur zu engagierter Gelassenheit. Eine Gelassenheit, die alles Kostbare genießt im Leben und alles Schwierige zu verwandeln versucht und beides Gott überlässt, damit Leben in Fülle erfahrbar wird.

Meine Himmelsleiter zum Alltag

In ganz verschiedenen Lebensbereichen kann ich das Lassen in diesem Dreiklang einüben: mich lassen, die andern lassen, Gott lassen. Ich suche nicht zu weit, sondern entdecke meine Chance der spirituellen Vertiefung im Naheliegenden.

IM ALLTÄGLICHEN ARBEITEN DAS LASSEN EINÜBEN

„Der Teufel liegt im Detail", sagt ein Sprichwort. Im Zusammenleben sind es oft kleine, alltägliche Begebenheiten, die uns gefangen halten können. Die Art und Weise, wie Kochen, Putzen, Gartenarbeiten, Tischdecken, die Gestaltung eines Raumes geschehen soll: Das beinhaltet genug Zündstoff. Schon die Meditationszeit am Morgen kann gefüllt sein mit solchen alltäglichen Sorgen. Dadurch hindern wir Gott, uns angesichts eines arbeitsreichen Tages mit dem Vertrauen in ihn erfüllen zu lassen. Solche Blockierungen können den Tag hindurch meine Flexibilität beeinträchtigen.

Mich jeden Tag neu im Lassen einüben, kann je nach Persönlichkeit und Entwicklung ganz verschieden aussehen. Ich muss für mich selbst unterscheiden lernen zwischen verkrampftem Tun und faulem Überlassen der Arbeit! Jene, die begabt sind im Sehen, was fehlt, was es noch braucht, sind aufgerufen, auch den anderen die Möglichkeit zum Handeln zu lassen. (Ich persönlich kenne das gut, weil ich zu schnell aufstehe und zupacke!) Jenen, denen es fehlt an verantwortlichem Gespür, zeigt sich die Spur des Loslassens im Annehmen dieser Schwäche, um das Zupacken zu lernen. Soll ich mich heute wehren, weil es nicht so geschieht, wie ich es mir gewünscht habe, oder soll ich schweigen, weil es verschiedene Möglichkeiten gibt, etwas auszuführen? Das sind spannende Fragen, die nie ein für allemal gelöst sein werden. Sicher geht es bei einer Spiritualität nicht um ein falsches Angepasstsein, ein Unmündigsein, ein feiges Überlassen der Macht. Gemeinsam, im gegenseitigen Austausch, können wir ein gesundes Gleichgewicht finden.

IN GRENZSITUATIONEN
DAS LASSEN LERNEN

Bei Krankheit, Verlust des Arbeitsplatzes, beim Annehmen einer körperlichen, geistigen oder psychischen Behinderung, in einer Trennungs- oder Scheidungssituation, angesichts des Todes fällt das Loslassen oft schwer. Wir sind auf uns selber zurückgeworfen und werden gezwungen, etwas anzunehmen, was uns zunächst zutiefst widerstreben kann. Und was mit Worten einfach gesagt ist, kann zum mühsamen Ernstfall des Lebens und des Glaubens werden. Der Schriftsteller Albert Camus sagte einmal: „Die Krankheit ist ein Kloster mit seiner Ordensregel, seiner Askese, seinem Schweigen und seinen Erleuchtungen." Das sind Worte, die helfen können, das Loslassen einzuüben:

– Mit der Ordensregel verbinde ich Rituale, die es neu zu entdecken gilt. Wenn ich an die Grenze des Fassbaren komme, wenn der Schmerz unerträglich wird und meine Haut ganz dünn wird, dann kann das regelmäßige Verweilen an einem Bach, einem Teich, Brunnen oder See mir helfen, Schwieriges loszulassen. Ich kann ein Blatt, eine Feder, einen Stein nehmen, und bevor ich ihn ins Wasser werfe, berühre ich ihn ganz fest und spüre, wie viel es mich kostet, den Menschen und/oder die Lebensvorstellungen, um die es geht, loszulassen. Dann bereite ich mich vor, das Blatt aus meinen Händen zu geben, indem ich laut den Namen des Menschen sage, den ich loslassen können möchte:

„Sarah, ich lasse dich", oder „Markus, ich überlasse dich Gott."

Ich wiederhole dieses Ritual einige Male, je nach Situation auch jeden Tag wieder.

Auch beim Eucharistie oder Abendmahlfeiern, im Feiern von Tod und Auferstehung, sind wir aufgerufen, Tod und Auferstehung als Grundgeheimnis unseres Lebens zu verinnerlichen, indem jede und jeder beim Brechen des Brotes all seine/ihre Zerbrochenheit und die Zerbrechlichkeit unserer Beziehungen in Verbindung bringt mit dem Weg

Jesu. Dadurch wird auch mir Auferstehung verheißen, neues Leben, das sich im Durchleiden behutsam anbahnen kann.

– Mit Askese verbinde ich die Chance eines einfacheren Lebensstils. Mein Körper gibt mir Signale und zeigt mir, was mir wirklich gut tut. Ich versuche zu entdecken, was ich durch Einschränkungen gewinne an neuer Lebensqualität (und ich starre nicht nur auf das, was ich verliere). Ich frage nicht nur: Warum?, sondern auch: Wie kann mir diese Grenzsituation zu mehr Lebendigkeit verhelfen? Dabei lasse ich mir die Zeit, die ich zum Trauern, zur Revolte und zur Wut brauche und lasse mich auch von anderen nicht unter Druck setzen.

– Im Schweigen sehe ich das Ziel jeden Gebetes. Für mich ist es ein Ausdruck des Vertrauens, dass es gut wird – wie auch immer. Auch hier ist der Weg das Ziel. Das Klagen, Fluchen, Weinen, Schreien, Trauern gehört dazu, damit sich in meiner Tiefe das Schweigen ausbreiten kann, als Hoffnung, Gott alles zu überlassen.

– Die Erleuchtung kann ich überall unerwartet erfahren, in Begegnungen, in meinen Träumen, im
Alleinsein. Den Wunsch nach Erleuchtung kann
ich symbolisch ausdrücken, wenn ich in eine
Kirche gehe und kleine Kerzen anzünde, damit
mein und das Dunkel vieler Menschen erhellt
wird. Auch Musik kann eine große Hilfe sein im
Trauerprozess. Eric Clapton steht für mich als
bewegendes Beispiel, der in seinem Song „Tears
in Heaven" [97] den Tod seines Sohnes verarbeitet.
Wenn ich Musik höre, die die oder der, den ich
losgelassen habe, liebte, kann ich hineinwachsen
in diese neue, tiefere Beziehungsebene.

SCHWIERIGE BEZIEHUNGEN
VERWANDELN LASSEN

Das Gefangensein, das Abhängigsein in Beziehungen hindert mich in meiner Lebendigkeit.
Solche Erfahrungen gehören zu unserer Entwicklung. Doch „wer losgelassen hat, was ihn fesselte,
wer sich gelöst hat aus den Banden falscher Ab-
hängigkeit, der macht die Erfahrung einer neuen
Freiheit: der Gelassenheit."[98]

In der Fülle von Emotionen ist es manchmal gar nicht so einfach, zu spüren, welche Beziehungen mich hindern im Leben und welche mich fördern. Darum nehme ich mir Zeit, um auf einer Liste aufzuschreiben, welche Beziehungen für mich lebensfördernd und welche lebensbehindernd sind.

Vielleicht gelingt es mir nicht auf Anhieb, und ich ergänze die Liste während einiger Wochen. Zugleich versuche ich in einer zweiten Spalte aufzuschreiben, was es denn genau ist, das meine Lebenskraft in einigen Fällen verstärkt, und was mich andererseits lähmt oder blockiert. Denn es gibt Beziehungen, die in meinem Leben wenig Zeit einnehmen und die mich doch unglaublich viel Energie kosten.

Lebensfördernde Beziehungen:
Was verstärkt meine Lebendigkeit?

*

*

*

Lebensbehindernde Beziehungen:
Was kostet mich viel Energie?

*

*

*

Wenn ich lebensbehindernde Beziehungen entdeckt habe, gilt es nun, Möglichkeiten der Verwandlung zu erkunden:

– Ich räume mir mehr zeitliche und/oder ört-
  liche Distanz ein, um mehr aus meiner Mitte,
  aus innerer Freiheit Begegnungen zu wagen.
  Da liegt auch die Chance, vorerst in mir selber
  zu entfalten, was ich zu sehr in/bei der anderen
  Person suche.

– Ich gebe dieser Person weniger Macht, indem
  ich bewusst einübe, nicht dauernd hintenherum
  über sie zu reden, sondern versuche, sie zu
  lassen.

– Ich gehe in der Meditation einen Versöhnungsweg in der Erinnerung, dass dieser Mensch
in den Augen Gottes ganz anders ist und ich
immer nur einen Teil von ihm wahrnehme.

Zum Innehalten

Schreckliche Traumbilder halten mich in Atem
schweren Herzens erwache ich
und ich versuche die Bilder zu lassen

Im Dasein und Annehmen dieser Nacht im
bewussten Ein- und Ausatmen
im immer tieferen Eintreten in den heiligen
Raum in mir wo niemand Zutritt hat

Auch wenn jetzt Stunden danach
die schrecklichen Bilder noch nachwirken so
versuche ich sie zu umarmen
sie sind Teil von mir
um sie so besser loslassen zu können

So gehe ich Schritt für Schritt durch
diesen Tag die Gelassenheit suchend im
Augenblick in Dir

VI.
GOTTES LACHENDER SEGEN

An einem Abend des Festes der Freude an der Lehre tanzte Baalschem selber mit seiner Gemeinde. Er nahm die Schriftrolle in seine Hand und tanzte mit ihr. Dann gab er die Rolle aus der Hand und tanzte ohne sie.
In diesem Augenblick sagte einer der Schüler, der mit den Bewegungen des Baalschem sonderlich vertraut war, zu den Gefährten: „Jetzt hat unser Meister die leibliche Lehre aus der Hand getan und die geistige Lehre an sich genommen."
Martin Buber[99]

Am Ende eines Gottesdienstes, in dem wir dank einiger Kinder auch herzhaft lachen konnten, betete ich spontan:

Dein lachender Segen, Gott, begleite uns in die kommende Woche und sei uns hoffnungsstiftende Kraft.

Seither begleitet mich dieses Bild des lachenden Gottes, der uns zublinzelt und uns mitten in der Festfreude, im Humor, im Staunen ganz leise mitteilt, wie er darin als schöpferische Kraft gegenwärtig ist. Es ist uralte Tradition, dass Gottes Geist weht, wo er will. Weil in der Bibel das hebräische Wort ‚ruach‘ und das griechische Wort ‚sophia‘ beide weiblich sind, müssten wir richtiger sagen: Gottes Geist weht, wo sie will.

Keine Religion kann Gott für sich allein in Anspruch nehmen und die Wahrheit für sich pachten. Mein spiritueller Weg ist genährt von vielen kleinen und großen KünstlerInnen, die mich belebt haben und mich ermutigt haben, meine ganz persönliche Ausdrucksweise zu finden. Ich will niemanden vereinnahmen, doch in der Kunst des Feierns, in der Kultur von bildnerischem, musikalischem, filmischem, tänzerischem, gestalterischem Ausdruck bin ich oft zutiefst angerührt von dem Geist der Lebendigkeit, wie er sich auch im Sein und Tun von Jeschua aus Nazareth ausgedrückt hat.

Der inspirierenden Eingebung trauen

Ich glaube nicht an Gott. Wenn aber in meinen Werken ein „Hauch" christlicher Liebe für die Dinge der Welt und ihre Menschen überdauert – ich will damit sagen, eine irrationale, auf Eingebung beruhende Liebe –, dann glaube ich, brauche ich mich dessen nicht zu schämen.
Pier Paolo Pasolini[100]

Diese auf Eingebung beruhende Liebe liegt in jeder und jedem von uns brach. Es ist höchste Zeit, dass wir sie wachsen und reifen lassen. Jeder von uns kann sich künstlerisch ausdrücken. Wir brauchen nicht länger unsere Sehnsüchte auf die großen Stars zu projizieren. Wie viel farbiger wäre unsere Welt, wenn die Originalität eines jedes Menschen mehr zum Vorschein kommen könnte. Im wundervollen Film „*Smoke*" zeigt der Protagonist Auggie seinem Freund Paul ein Photoalbum mit über 4000 Bildern von demselben Motiv, täglich aufgenommen zur gleichen Uhrzeit. Auggie erklärt Paul, weshalb er jeden Tag eine Aufnahme macht: „Ecke Third Street und Seventh Avenue um acht Uhr morgens. Viertausend Tage hintereinander bei jedem Wetter. Deshalb kann ich nie Urlaub machen. Weil ich jeden Tag an meiner Stelle sein muss. Jeden Morgen zur selben Zeit an der Stelle ... Das ist mein Projekt. Sozusagen mein Lebenswerk ... es ist eine Aufzeichnung meiner kleinen Welt."[101] Das bewundere ich zutiefst. Menschen, die wagen, sich auszudrücken, dranzubleiben, über Jahre ihrer Vision folgen, um ihre Melodie ins Konzert des Lebens einzubringen. Erfreulicherweise benennen immer mehr Menschen, die sich mit der Mystik beschäftigen, diese Spur auch als mystische Erfahrung. So zum Beispiel Josef Sudbrack, der bekannte Mystikkenner, der ganzheitliche Grunderfahrungen in Sport und Musik erlebt:

„Heute weiß ich, dass in der Ganzheitserfahrung des ‚Schwimmens‘ noch mehr liegt. Seele und Körper müssen ineins klingen, um den Leib ins Urelement Wasser einzuschmiegen, sich ihm zu ‚verschmelzen‘. Als ich zum ersten Mal mit Karlfried Graf Dürckheim, dem Lehrer der Initiatischen Therapie, sprach, meinte er spontan: ‚Wer schwimmt, meditiert', er bewegt sich in leib-seelischer Harmonie, die bis in die Weite des Wassers hineinreicht. Nur in dieser Harmonie gelingen sportliche Höchstleistungen. Diese Erfahrungen formten unbewußt und formen immer noch meine Spiritualität. All das wurde verstärkt durch die Musik."[102]

Davon möchte ich in diesem Kapitel schreiben. Ich kann und will es allerdings nicht zerreden; ich möchte diese Möglichkeiten für verschiedene Lebensfelder aufzeigen in Form von Gebeten. Ich erinnere mich, wie Gottes lachender Segen mir in großen und kleinen Ereignissen entgegenkam als großes Geschenk. Diese Erfahrungen bringe ich mit einem biblischen Vers in Verbindung, um damit die religiöse Verwurzelung meiner Erfahrungen auszudrücken.

Die Kraft des Eros

Die Trennung zwischen Spiritualtiät und Sexuali-
tät darf nicht weiterhin bestehen: Es ist dringend
notwendig, die göttliche Kraft des Eros zu entde-
cken. Sie ist gegenwärtig im Zwischenraum einer
Begegnung. MystikerInnen haben diese erotische
Kraft gespürt und integriert in ihr Leben und ihre
Sehnsucht nach der Vereinigung mit Gott – sonst
hätten sie die vielen erotischen Bilder nicht so un-
befangen verwenden können. So schreibt Anselm
Grün in Bezug auf Mechthild von Magdeburg:
„Offensichtlich bleibt dem Menschen nur die
Sprache des Eros, um das Geheimnis der Liebe zu
Gott und der göttlichen Liebe zu beschreiben. Die
Erfahrung des Einswerdens mit Gott ist ein eksta-
tisches Erleben, das Mechthild immer wieder in
der Sprache der Erotik und der Sexualität auszudrücken versucht ... sie war offensichtlich in Berührung mit ihrer Sexualität und sie konnte sie in
ihre Beziehung zu Gott und zu Jesus Christus integrieren. Ihr Eros hat ihre Christusliebe so glü-
hend und leidenschaftlich gemacht."[103]

Die Kraft des Humors und der Lust entdecken

Für die Liebe braucht man Mut –
Lachen hilft
Roberto Benigni[104]

Dem italienischen Komiker und Regisseur Roberto Benigni ist mit seinem zutiefst menschlichen Film „*Das Leben ist schön*" eine unglaubliche Gratwanderung gelungen. Dieser Film hat mich konkret bestärkt, die Tiefendimension des Humors zu verinnerlichen. Über sich selber lachen zu können, kann so wohltuend sein. In einer angespannten Situation humorvolle Worte finden, die nicht spitz und verletzend sind, ist eine Kunst, die wir einüben können.

Clown Gottes sein und „im Clown ein eindrucksvolles Bild sehen, das uns die Rolle des Geistlichen in der Gesellschaft von heute verständlich macht"[105].

Auch die Lust ist neu hineinzuholen in die Spiritualität. Eine Lust, die lebensbejahend wirkt, wenn darin nicht das Festklammern, sondern auch das Loslassen möglich wird, wie Kurt Marti sagt: „Auch muss Lebensbejahung, Lebenswille, nicht immer und unbedingt bedeuten, dass man sich um jeden Preis ans Leben klammert. Gehört zur Lebensbejahung nicht ebenfalls die Bejahung des Sterbens? Gottes Lust zum Leben und am Leben (auch am meinigen) schließt das Sterben und das Geheimnis des Todes immer mit ein."[106]

Die Überwindung unserer Vereinsamung und Entsolidarisierung sehe ich im verantwortungsvollen Umgang mit unserer Lust. Auch das Genießen, das nicht auf Kosten der anderen geschieht, bleibt eine Lebensaufgabe. Ich behaupte immer mehr, dass wir das richtige Genießen verlernt haben. Konsumieren heißt noch nicht genießen! Ich glaube an die schöpferische Kraft in jedem Menschen, die uns ermöglicht, aus falschen Abhängigkeiten auszubrechen: „Aus Paradiesen, die keine mehr sind, treibt der Mensch sich selbst hinaus"[107], schreibt der Therapeut Peter Schellenbaum. Es gilt, die befreiende „Lebenskunst oder den achtsamen Umgang mit sich, mit anderen und der Natur"[108] miteinander zu kultivieren, wie sie Bruno Dörig in seinem anregenden Buch zum Weiterschreiben entfaltet hat. All dies wird uns Gottes lachend-heilenden Segen erfahren lassen. Dies geschieht natürlich auch im Lesen! Elisabeth Lukas spricht von der „Heilkraft des Lesens, die Quellen sinnvollen Lebens"[109] sprudeln lassen: hoffentlich auch im jetzigen Augenblick, im Innehalten und Verkosten der Worte, die meiner Seele gut tun. Ignatius von Loyola bestärkt dazu: „Nicht das Vielwissen sättigt und befriedigt die Seele, sondern das Verspüren und Verkosten der Dinge von innen her."[110]

Meine Himmelsleiter zum Alltag

DIE WUNDER DES GARTENS ERSPÜREN

Mit allen Sinnen den Duft des Gartens genießen, heilende Kräuter anpflanzen, staunend innehalten vor einer Blume, das Gemüse wirklich anschauen, riechen; dies alles erinnert mich an den lachenden Segen Gottes.

Im Lukasevangelium wird eine Geschichte erzählt, in der viele zum Fest eingeladen sind und die meisten sich mit Entschuldigungen abmelden (14,15–24). „Alles steht bereit", und wir gehen daran vorbei. Die Schöpfung, unser Garten, die Pflanzen sind jeden Augenblick unseres Lebens Einladungen Gottes, um das Leichte, das Lachen im Leben erfahren zu dürfen. Aus dieser Kraft entsteht auch die ökologische Achtsamkeit, die so dringend notwendig ist. Vreni Merz hat in ihrem anregenden Buch sechzehn Menschen interviewt, um *„Hinter den Alltag"* zu sehen. Da erzählt eine 64-jährige Frau, was für sie das Schönste ist: „Wenn ich in den

Garten hinaus zu meinen Blumen gehen kann! Das ist für mich ‚die Liebe‘, die sich ausbreitet und die ausstrahlt in den Alltag. Jeden Frühling – im März schon – gehe ich jeden Tag in den Garten und beobachte, wie die Schneeglöcklein kommen. Dann weiß ich immer, wieweit die Natur erwacht ist – mit allen Rückschlägen, die uns das Klima hier beschert. Was ich da entdecke, ist jeweils wie ein Lebenszeichen, obwohl man nicht sagen kann, dass der Winter nichts Lebendiges sei. Im Winter lebt die Natur auch, nur unterirdisch. Aber dann, wenn es Frühling wird, tut sich etwas; dann fängt alles wieder zu leben an – auch mein seelisches Wohlbefinden! Vom Frühling bis zum Herbst geht es mir am besten ... Für mich ist Religion nicht Kirche, sondern all das, was wir in der Natur erleben und was uns Menschen schenken an Geistigem, Kulturellem: Musik, Dichtung, Malerei – dies alles ist göttlich.“[111]

HOFFNUNGSMOTIVE BEIM MUSIKHÖREN

Als Liebhaber der klassischen Chormusik gehe ich regelmäßig in die Konzerte vom Bachchor in

Bern. Das sind oft ergreifende Momente, die mich leben lassen. Religiöse Motive sind in diesen Werken noch in einer Selbstverständlichkeit ausgesprochen. Doch sie lassen sich auch in der modernen Musik finden. Seit über zwanzig Jahren suche ich nach Hoffnungsnachrichten in den Songtexten. Beim Vorbereiten eines Jugendgottesdienstes frage ich Jugendliche, welche Musik sie hören. Ich gehe immer von dem aus, was am nächsten ist, was ihnen schon zu Ohren kommt. In den meisten CDs sind Texthefte und wir helfen einander, sie zu übersetzen. Fast immer finde ich kraftvolle Texte, die ich dann in Verbindung mit einem biblischen Text bringe. Dann gibt es so „Glücksfälle" wie zum Beispiel die deutsche Gruppe „Pur", bei der sich eigentlich jeder Text eignet, um die spirituelle Dimension aufzeigen zu können. Zur Geburt eines Kindes entstand folgendes Lied:

Die Welt, die auf Dich wartet
ist nicht, wie sie gerne wär' nein
doch das hat Zeit, nur keine Angst
Du kannst Dich wirklich trau'n

Vier Hände voller Liebe
streicheln sich um Dich
und ich schwör Dir, Deine Mutter
ist 'ne klasse Frau

Wenn Du da bist
Wenn Du Licht siehst
und das zum allererersten Mal ...
dann glaub' ich
werden Wunder wahr[112]

Musikhören wird zum Gebet, wenn ich mir dazu
wirklich Zeit nehme und auch auf die Texte höre,
um darin zu entdecken, wie die biblischen Hoff-
nungsgeschichten immer weiter geschrieben werden!

GENIESSEN KÖNNEN

Die große Resonanz auf meine beiden Bücher
„Alltagsrituale" und „Du hast mir Raum geschaffen" in einem Jahr hat mich überwältigt. Natürlich
war die erste Reaktion wohltuend, erfrischend,
befreiend. Doch zugleich spürte ich, dass das Ge-

nießenkönnen auch gelernt sein will. Der spirituelle Umgang mit Erfolg ist auch eine Lebensaufgabe. Sich freuen können, ohne sich darin zu verlieren, ist nicht einfach. All die Erwartungen und Projektionen spüren, ohne darin gefangen zu bleiben, braucht ein alltägliches Üben. Um wirklich genießen zu können, braucht es immer wieder eine gute Distanz. Denn der Erfolg scheint eine Spirale zu sein: Es muss immer mehr sein, und dabei geht das Genießen verloren. So habe ich während Wochen beim täglichen Spaziergang Schritt für Schritt die Worte „Genießen – Loslassen" mit mir genommen. Zutiefst sich freuen, bis in die Zehenspitzen dankbar sein für die vielen Echos und sie zugleich loslassen, ließ mich lebendig bleiben. Zutiefst drücke ich dadurch aus, dass letztlich all dies nicht mein Verdienst ist. So kann ich es durch mich fließen lassen und zurückgeben an den Schöpfer aller guten Dinge, an Gott.

Zum Innehalten

Alles steht bereit
in uns ist das Wesentliche schon angelegt seit
unserer Geburt sind wir eingeladen auf die
göttliche Kraft in uns zu trauen

Alles steht bereit
Dein lachender Segen kommt uns reichlich
entgegen
im Lachen und Genießen des Seins

Alles steht bereit
um mit-teilende Menschen zu werden die sich
zum Fest bewegen lassen
weil uns der Zu-Spruch geschenkt ist
vor allen An-Sprüchen anerkannt zu sein als
einmalig und kostbar

VII.
AUFGEHOBEN
IN EINEM GRÖSSEREN GANZEN

Von einem jüdischen Lehrer, einem Rabbi, ging die Sage, dass er jeden Morgen vor dem Frühgebet – zum Himmel aufsteige. Ein Gegner lachte darüber und legte sich vor Morgengrauen auf die Lauer. Da sah er: Der Rabbi verließ, als Holzknecht verkleidet, sein Haus und ging zum Wald. Der Gegner folgte von weitem. Er sah den Rabbi Holz fällen und in Stücke hacken. Dann lud der Rabbi sich das Holz auf den Rücken und schleppte es in das Haus einer armen, kranken, alten Frau. Der Gegner spähte durch das Fenster, und er sah den Rabbi auf dem Boden knien und den Ofen anzünden.

Als die Leute später den Gegner fragten, was es denn nun auf sich habe mit der täglichen Himmelfahrt des Rabbi, sagte er:

„Er steigt noch höher als bis zum Himmel."
Nach Elie Wiesel [113]

Eine Geschichte, die ich schon viele Male gelesen habe und die mich jedes Mal zutiefst berührt. Die Hoffnung auf eine menschlichere Welt wird wach, wenn ich sie höre oder lese.

Sie bringt mich in Berührung mit meiner tiefen Sehnsucht, dass unser ganzes Leben zum Gebet wird. Unsere Lust und unser Mitfühlen, unsere Selbstfindung und unsere Solidarität, unser Genießen und unser Teilen, das eine lässt sich nicht vom anderen trennen. Ein Stück Himmel wird erfahrbar, wenn wir über uns selbst hinauswachsen. Dies ist nur im Teilen möglich. Thich Nhat Hanh verdeutlicht dies am Beispiel einer in Asien wohlbekannten Pflanze, „sie gehört zu den Zwiebelgewächsen und ist eine Köstlichkeit in Suppe, gebratenem Reis und Omeletts, die nach einem Rückschnitt innerhalb von vierundzwanzig Stunden wieder zu ihrer ursprünglichen Größe heranwächst. Je mehr man sie zurückschneidet, desto größer und stärker wird sie."[114] Lebendiger, größer, stärker werde ich, wenn ich mich als Teil eines

Ganzen fühle und in mir das Bewusstsein wächst, dass mir eigentlich nichts gehört, sondern alles Geschenk ist. Auch das, was ich mir erarbeitet habe, ist nicht allein durch meinen Fleiß entstanden, sondern durch die Gaben, die mir geschenkt sind – um mich daran zu freuen und um sie weiterzuschenken. Spirituell zu wachsen und zu reifen, dazu gehört, die Gewissheit zu verinnerlichen, dass ich nie Einzelne oder Einzelner bin, sondern immer Teil eines größeren Ganzen. Dabei geht meine Einmaligkeit nicht verloren, sondern kann sich noch mehr entfalten.

Ganz werden

Im letzten Sommer habe ich stundenlang zwei jungen, spielenden Kätzchen zugesehen und mit ihnen gespielt: Dies ist in sich eine Wohltat. Und wenn ich dadurch meine Beziehung zu Tieren vertiefe, dann bin ich nicht nur Beschenkter, sondern auch Mitleidender an all den schrecklichen Tierversuchen und Tierschlachtungen. Dies ist ein kleines Beispiel dafür, warum meine Verwurzelung in Gott, dem Schöpfer allen Lebens, mich immer auch zum Engagement führt. Natürlich braucht es dazu manchmal Überwindung, doch ich kann ohne Zögern sagen, dass ich dank diesem Austausch von Geben und Nehmen heute so lebendig bin. Mit vielen Menschen teile ich heute die Sehnsucht nach Ganzheit. Auch dieses Buch möchte sie verstärken und beleben.

Doch ganzheitliches Leben werde ich nicht erfahren, wenn ich das Schwierige aus dem Leben ausklammere und die Hoffnung auf Gerechtigkeit und Zärtlichkeit resignierend aufgebe. Ganzheit wird nie spürbar, wenn ich nur an mich denke! Sie kann nicht zum Tragen kommen, wenn ich meine, unberührt bleiben zu können von der Zerbrechlichkeit in mir und um mich herum. Lukas Niederberger erinnert daran: „In den chassidischen Geschichten gibt es den Ausdruck: ‚Nur ein gebrochener Leib ist ein ganzer Leib'. Wir können diesen Satz auf verschiedenen Ebenen betrachten und meditieren: Nur ein gebrochenes Herz ist ein ganzes Herz. Erst durch die Erfahrung von Trennung und Leid lerne ich, worauf es in einer Beziehung ankommt. Nur eine gebrochene Kirche als Ausdruck des Leibes Christi ist eine ganze Kirche, weil sie nicht in Versuchung gerät, sich fehlerlos und übermächtig zu gebärden. Und nur ein gebrochener Christus-Leib ist ein ganzer Leib. Nur im Verschenken, in der Ganz-Hingabe an die Welt ist Jesus zu Christus, zu seiner Ganzheit, zu seiner wahren Aufgabe und Erfüllung gelangt."

Christus ist ganz da, auch in der Zerbrechlichkeit unseres Lebens. Darum gibt es keine Trennung mehr zwischen profanen und heiligen Orten. Jeder Ort wird zum heiligen Ort, wenn ich die Begegnungen mit allen Dingen in diesem großen Zusammenhang wahrnehme. Die Gedanken, die der Buddhist Thich Nhat Hanh zur Eucharistie, zum heiligen Abendmahl ausdrückt, verstärken diese ganzheitliche Sicht des Lebens:

„Das Brot, das wir essen, ist der ganze Kosmos ... Der Leib Christi ist der Leib Gottes, der Leib der höchsten Wirklichkeit, der Grund allen Daseins. Man braucht nicht anderswo danach zu suchen. Er wohnt tief in unserem eigenen Wesen. Das Ritual der Eucharistie ermuntert uns, ganz bewußt zu sein, damit wir den Körper der Wirklichkeit in uns berühren können. Brot und Wein sind keine Symbole: Sie enthalten die Wirklichkeit – genau wie wir selbst."[115]

Mit dieser göttlichen Wirklichkeit in allem komme ich in all meinem Tun in Berührung. Wenn ich jedes Mal nach dem Joggen einen Baum umarme und zum Himmel schaue, dann spüre ich nicht nur die konkrete körperlich-seelische Wohltat, sondern auch den Auftrag, der aus dieser neu geschenkten Lebenskraft erwächst. Wenn ich zum Himmel schaue und dankbar staune angesichts der Tatsache, dass ich ein Teil des Kosmos bin, dann nehme ich auch die himmel-schreienden Ungerechtigkeiten wahr, die mich zum Aufstand für das Leben bewegen. Konkret stehe ich dann auch da an der Kundgebung vor der indonesischen Botschaft, um mein Entsetzen über den Völkermord in Osttimor auszudrücken und um die Entwaffnung der Milizen zu fordern. Beides gehört zum Ganzwerden: Kräfte sammeln und weiterschenken.

Über sich hinauswachsen

Der wahre Realist ist ein Visionär
Federico Fellini[116]

Ich gebe meinen Traum von einer Welt nicht auf, in der jede und jeder einen Beitrag einbringt für ein gerechteres und zärtlicheres Zusammensein. Meine Lebendigkeit wächst, wenn ich mein Eingebundensein im konkreten Engagement erneuere. Pierre Teilhard de Chardin hat dies erfahren: „Es macht den Wert und das Glück des Menschen aus, in etwas Größerem aufzugehen als man selbst ist … Meine ganze Spiritualität besteht darin, mich immer mehr Gottes Gegenwart und seinem Wirken aktiv zu überlassen. Mit dem Werden ‚eins' zu sein, das ist meine Lieblingsformel geworden, die Formel meines Lebens."[117] Dies gelingt nicht alleine. Ich brauche Unterstützung, denn die Ohnmacht, nichts verändern zu können, sitzt tief in unserer Gesellschaft. Ich brauche Verbündete, Sympathisantinnen, die mich ermutigen, meine Lebendigkeit wachzuhalten. Auch im

Buddhismus wird die Kraft der Gemeinschaft, der Sangha betont: „Es ist unerläßlich, zusammen mit einer Sangha zu praktizieren. Selbst wenn wir den Übungsweg hochachten, so kann es doch schwierig sein, ihm ohne die Unterstützung einer Sangha zu folgen. Es zahlt sich aus, in eine Sangha zu investieren."[118]

Für mich ist es die kirchliche Gemeinschaft, die sich in unserem ‚offenen Kloster' konkretisiert. Was ich heute bin, bin ich dank und trotz der kirchlichen Gemeinschaft geworden. Lebendiger wurde ich nicht nur durch die Unterstützung, sondern auch durch den Widerstand und das Entdecken meines ganz eigenen Weges. Doch der Kreis ist viel größer, es sind Menschen guten Willens auf der ganzen Welt, denen ich mich verbunden weiß. Der kürzlich verstorbene Bischof Dom Helder Camara ist mir Vorbild mit seiner Vision einer gerechteren Welt:

Wenn ich könnte,
gäbe ich jedem Kind
eine Weltkarte ...
Und wenn möglich

einen Leuchtglobus,
in der Hoffnung,
den Blick des Kindes
aufs äußerste zu weiten
und in ihm Interesse
und Zuneigung zu wecken
für alle Völker,
alle Rassen,
alle Sprachen,
alle Religionen![119]

Genau darum geht es auf einem spirituellen Weg: den Blick zu weiten. Dies geschieht, wie Fellini sagt im Wahrnehmen der Realität: So entstehen daraus neue schöpferische Möglichkeiten. Je mehr Menschen in Gott verwurzelt sind, um so mehr können sie über sich selbst hinauswachsen. Johannes XXIII. ist mir da ein leuchtendes Beispiel: Der Papst engagierte sich nicht, weil er sich stark fühlte, sondern weil er zu seiner Unzulänglichkeit stand. Das befreit und weckt neues Leben. Humorvoll sagte er: „Papst kann jeder werden. Der beste Beweis bin ich!"[120]

Ein anderes ergreifendes Zeugnis innerer Reife eines Menschen ist für mich die knapp 30-jährige holländische Jüdin Etty Hillesum, die 1943 in Auschwitz ermordet wurde. Gerade habe ich ihre Tagebücher gelesen, und ich bin tief berührt und beglückt. Ich begegne da einer Frau, die zu ihrem Auf und Ab im Leben steht, täglich um den Glauben an das Gute im Menschen ringt und in dieser Selbstfindung ihr Leben einsetzt für andere: „Ich ruhe in mir selbst. Und jenes Selbst, das Allertiefste und Allerreichste in mir, in dem ich ruhe, nenne ich ‚Gott‘.“[121] Dieses Ruhen in sich selbst, in Gott, ermöglicht ihr, mitzuleiden, ohne daran zu verzweifeln:

„Mir war, als ruhte ich an der nackten Brust des Lebens und hörte seinen leisen, regelmäßigen Herzschlag. Ich lag in den nackten Armen des Lebens und fühlte mich sicher und beschützt. Und ich dachte: Wie sonderbar doch das ist. Es ist Krieg. Es gibt Konzentrationslager ... Ich kenne die Verzweiflung der Menschen, ich weiß um das viele menschliche Leid, das sich immer mehr anhäuft, ich weiß von Verfolgung und Unterdrückung, von Willkür und ohnmächtigem Haß und von vielem Sadismus. Ich weiß das alles und behalte jedes Stückchen Wirklichkeit im Auge, das zu mir dringt ... Der Himmel ist in mir ebensoweit gespannt wie über mir. Ich glaube an Gott, und ich glaube an die Menschen, das wage ich ohne falsche Scham zu sagen. Das Leben ist schwer, aber das ist nicht schlimm. Man muss beginnen, sich selber ernst zu nehmen, und das übrige kommt von selbst ... Ich bin schon tausend Tode in tausend Konzentrationslagern gestorben ... Und doch finde ich das Leben schön und sinnvoll. Jede einzelne Minute."[122]

Dies gehört zum Eindrücklichsten, was ich in meinem Leben gelesen habe. Es verstärkt mein Eingebundensein mit allen Menschen guten Willens. Es ist eine Verbundenheit, die über den Tod hinaus wirksam ist. Durch das Lesen dieser Tagebücher begegne ich einer äußerst lebendigen Frau, die die Augen vor dem Tod nicht verschließt und dadurch bis heute vielen Mut macht, sich für das Leben einzusetzen. Bei ihr finde ich auch eine der besten Umschreibungen dessen, was Mystik ist: „Mystik muss auf kristallklarer Ehrlichkeit beruhen. Nachdem man zuvor die Dinge bis zur nackten Realität durchforscht hat."[123]

Mystische Menschen schauen ehrlich der Ungerechtigkeit in die Augen, durchforschen die strukturellen Gründe, entfalten neues Handeln und in alledem üben sie alltäglich ein, dass wir Menschen uns nicht selber erlösen können, sondern auf andere und letztlich auf Gott zutiefst angewiesen sind.

Dies ist ein persönlicher und ein gemeinschaftlicher Weg, nie ein privater. Diese Unterscheidung trifft auch Urs Eigenmann, der zu einer so genannten Reich-Gottes-Mystik bestärkt: „Ich bin nicht dann bei mir selbst, wenn ich mich auf mich zurückziehe und religiös ergriffen in mir selbst ruhe. Sondern ich bin paradoxerweise erst dann bei mir selbst, wenn ich mich an das Reich Gottes verliere ... Eine Reich Gottes-Spiritualität und -Mystik bewährt sich darin als christliche, dass sie persönlich und politisch dazu ermutigt, sich unter den historischen Bedingungen der jedesmaligen wirklichen Lebensverhältnisse auf die Einladung Jesu einzulassen, zuerst das Reich Gottes und seine Gerechtigkeit zu suchen. Dies im gläubigen Vertrauen darauf, dass alles andere dazugegeben wird."[124]

Im Entdecken und Fördern meiner Lebendigkeit erfahre ich ein Stück Himmel im Alltag. Diese Erfahrung vor allem mit den VerliererInnen unserer Gesellschaft zu teilen, lässt mich glücklich werden. Dabei erneuert sich, was ich als Zusammenfassung meiner Spiritualität im aktualisierten Psalm 1 geschrieben habe:

Verwurzelt der Mensch der darauf vertraut
dass es wohl auf ihn ankommt
aber letztlich nicht von ihm abhängt
er wird nicht alleine gegen den Strom
schwimmen und die göttliche Quelle
immer neu in sich entdecken.[125]

Meine Himmelsleiter zum Alltag

COM-PASSION: MITFÜHLEND SEIN

Einen Menschen retten
heißt die ganze Welt retten ...

... lässt sich am Ende des Filmes „Schindlers Liste"
von Steven Spielberg lesen. Für mich ist das der
„Gegensatz" zum erdrückenden Gedanken: „Was
kann ich als einzelner schon tun?"

Wenn ich mich als Teil des Ganzen fühle, dann
kann ich sehr viel tun. Angefangen bei meinem
Beten und Meditieren. Wenn ich in Einklang mit
mir selbst bin, dann gestalte ich aktiv mit am Versöhnungsprozess auf dieser Welt. Mein Dasein ist
immer Mitsein und hat eine Wirkung auf der ganzen Welt. Diese Grundhaltung verpflichtet natürlich zum Engagement. Wie anders, gerechter,
zärtlicher wäre unsere Welt, wenn jede und jeder einen Menschen „retten" würde. Wie viel Lebenskraft könnte da gegenseitig fließen, wie viel

Sinnlosigkeit und Langeweile überwunden werden, wenn jede und jeder ihre und seine Lebendigkeit auch im Mitfühlen und Teilen erfahren würde? Wir müssen nicht weit weg suchen: Im Hier und Jetzt begegnet mir mein Auftrag – vielleicht im Besuchen eines Kranken, im Spazieren mit einer Behinderten, im Sprachunterricht mit einem Asylbewerber, im Schreiben von Protestbriefen an Regierungen (dank Amnesty International), im Anlegen meines Geldes auf alternativen Banken, in der Unterstützung von Erwerbslosenprojekten ...

VERBÜNDETE SUCHEN

If I could reach higher
just for one moment touch the sky.
Wenn ich höher wachsen könnte
nur einen Moment den Himmel berühren.
Gloria Estefan[126]

Um einen inneren Weg gehen zu können, brauche ich andere. Ich suche in meiner Umgebung Menschen, die sich einmal pro Woche oder täglich ebenfalls Zeit zum Meditieren nehmen möchten. Ich achte dabei nicht auf die Quantität, sondern auf die Qualität. Zwei oder drei Menschen, die konsequent üben, können sich und dadurch ihre Umgebung verwandeln lassen.

Im Feiern der Eucharistie erinnere ich gerne an die Worte von Augustinus: „Empfanget nicht nur den Leib Christi, sondern seid Leib Christi." Überall auf der Welt soll offensichtlich werden, dass Gott da ist. Wenn Jesus sagt: „Das ist mein Leib", dann spricht er jedem Menschen zu, ich bin ganz da, gegenwärtig in allem, in allen Beziehungen, in der Schöpfung, im Kosmos[127]. Jean Rotzetter bekräftigt zurecht: „Da wo Menschen einander sagen ‚Ich bin ganz da', da geschieht Verwandlung", weil alles aus einer anderen Sicht gesehen wird; aus der Sicht des Seins, erlöst vom Habenwollen. Im Dasein haben auch meine Schwächen Platz. Diese Haltung entlastet mich: Ich tue mein Möglichstes, mehr kann und muss ich nicht tun. Denn ich vertraue, dass die andern dies auch tun, wie sie auch ihre Verantwortung als Teil des Ganzen wahrnehmen. Ganz Dasein bedeutet immer auch, mich wieder zu sammeln, aufzutanken. Das gemeinsame Gottesdienstfeiern, Meditieren, Singen, Tanzen sind solche Hoffnungsorte, um Kraft zu schaffen. Denn wie das Beispiel der Fußwaschung Jesu zeigt, gehört zum Engagement auch das Auftanken. Gottesdienst ist Gottes Dienst an uns Menschen. Auch die Rituale feiern wir nicht für Gott. Er kommt all unseren Ritualen mit seiner Gnade zuvor. Sie sind Ausdruck, dass wir einander brauchen, um jeden Tag unsere Lebendigkeit zu feiern.

Zum Innehalten

Mein ganzes Dasein
mein ganzes Herz öffnen um annehmen
zu können dass es immer ein gebrochenes
Herz sein wird

Mich in Dein Mitsein verwurzeln lässt
mich Vertrauen finden
in meinen Lebensweg zugleich mich
denen zuzuwenden
deren Verwundungen nach
Heilung schreien

Dein Dasein und Mitsein führt
zur inneren Ruhe und zum
Mitleiden in Nähe und Distanz

Dasein im
Ein und Ausatmen
weil ich dadurch verbunden bin
mit allem mit Dir atmender Geist

ANMERKUNGEN

1 Pierre Stutz, Alltagsrituale. Wege zur inneren Quelle. Mit einem Vorwort von Anselm Grün, Kösel, München ⁵1999.

2 Martin Buber, Die Erzählungen der Chassidim, © Manesse Verlag, Zürich 1949, 542.

3 Angelus Silesius, Der Himmel ist in dir. Von der Seelenlust mystischer Frömmigkeit, Benziger, Zürich/Düsseldorf 1997, 55.

4 Pierre Stutz/Andreas B. Kilcher, Vom Unbegreiflichen ergriffen, Rex, Luzern/Stuttgart 1993.

5 Anthony de Mello, Eine Minute Weisheit, Herder Spektrum 4569, Freiburg i. Br. 1997, 52.

6 Ignatius, Geistliche Übungen. Übertragung und Erklärung von Adolf Haas, Herder, Freiburg i. Br. 1966.

7 Herbert Grönemeyer, Oe, Electrola 1988, CD 568–7900702.

8 Dorothee Sölle, Mystik und Widerstand. © Hoffmann und Campe Verlag, Hamburg 1997, 28.29.32.

9 Zit. nach Simon Peng, Charisma und Amt bei Simeon dem Neuen Theologen. Lizenziatsarbeit der Universität Fribourg 1996, 71.

10 Zit. nach Otto Betz, Hildegard von Bingen. Gestalt und Werk. Mit einem Beitrag von Felicitas Betz, Kösel, München 1996, 214.

11 Mechthild von Magdeburg, „Ich tanze, wenn du mich führst". Ein Höhepunkt deutscher Mystik, ausgew. von Margot Schmidt Herderbücherei 1549, Freiburg i. Br. 1988, 72.

12 Meister Eckhart, Deutsche Predigten und Traktate, hrsg. und übersetzt von Josef Quint, Diogenes, Zürich 1979, 243.

13 Johannes Tauler, Predigten, hrsg. von Georg Hofmann, Herder, Freiburg i. Br. 1961, 14.

14 Zit. nach Matthew Fox, Der große Segen. Umarmt von der Schöpfung, Claudius, München, 1991, 69.

15 Teresa von Avila, Die innere Burg, hrsg. von Fritz Vogelsang, Diogenes, Zürich 1979, 21.

16 Johannes vom Kreuz, Die dunkle Nacht. Die Gedichte, Johannes, Einsiedeln [4]1992, 173.

17 Angelus Silesius, a. a. O. 79.

18 Zit. nach Christian Feldmann, Thérèse von Lisieux. Die schwarze Nacht des Glaubens, Herder, Freiburg i. Br. 1997, 111.

19 Edith Stein, Kreuzeswissenschaft, Herder, Freiburg i. Br. 1983, 218.

20 Zit. nach Gotthard Fuchs (Hrsg.), „... in ihren Armen das Gewicht der Welt". Mystik und Verantwortung: Madeleine Delbrêl, Knecht, Frankfurt a.M. 1995, 28. Vgl. Annette Schleinzer, Die Liebe ist unsere einzige Aufgabe. Das Lebenszeugnis von Madeleine Delbrêl, Schwabenverlag, Ostfildern 1994.

21 Simone Weil, Aufmerksamkeit für das Alltägliche. Ausgewählte Texte zu Fragen der Zeit, hrsg. von Otto Betz, Kösel, München 1987, 107. Vgl. auch Dorothee Beyer, Simone Weil. Philosophin – Gewerkschafterin – Mystikerin, Topos TB, Mainz 1994.

22 Thomas Merton, Meditationen eines Einsiedlers. Über den Sinn von Meditation und Einsamkeit, Goldmann, München 1989, 120.

23 Ernesto Cardenal, Das Buch von der Liebe. Lateinamerikanische Psalmen, Siebenstern TB, Hamburg 1976, 49.

24 Thich Nhat Hanh, Das Leben berühren. Atmen und sich selbst begegnen, Herder Spektrum 4729, Freiburg i. Br. 1999, 77.

25 Zit. nach Jörg Zink, Dornen können Rosen tragen. Mystik – Die Zukunft des Christentums, Kreuz, Stuttgart 1997, 40.

26 Rose Ausländer, Mutterland – Einverständnis. Gedichte, Fischer, Frankfurt a.M. 1982, 15.

27 Martin Buber, Die Frage der Fragen, aus: Die Erzählungen der Chassidim, a. a. O., 394.

28 Lisianne Enderli/Pierre Stutz, Tastend unterwegs. Gottesbilder im Mutter-/Vaterunser, Rex, Luzern/Stuttgart
   1989.

29 Elie Wiesel, Macht Gebete aus meinen Geschichten.
   Essays eines Betroffenen, Herder, Freiburg i. Br. 1986,
   24.

30 Helmut Braun, „Ich bin fünftausend Jahre jung" Rose
   Ausländer. Zu ihrer Biographie, Radius, Stuttgart
   1999, 67.154.

31 Zit. nach Dorothee Sölle, Mystik und Widerstand, a. a.
   O., 31.

32 Ingmar Bergman, darg. von Eckhard Weise, Rowohlt,
   Reinbek bei Hamburg 1987, 87.

33 Katharina Blum, Juliette Binoche. Die unnahbare
   Schöne, Heyne, Filmbücherei, München 1995, 70–71.

34 David Steindl-Rast, Die Achtsamkeit des Herzens. Ein
   Leben in Kontemplation, Goldmann, München 1992,
   14–15.

35 Erschienen in: Christ in der Gegenwart 31/1999, Freiburg i. Br., 256.

36 Anthony de Mello, Eine Minute Weisheit, a. a. O., 14.

37 Erschienen im: Erzähl mir von Gott. Ferment-Jahr-

buch 1999, 27. Erhältlich bei: Pallottiner-Verlag, CH-9201 Gossau oder Postfach 11 62 D-65531 Limburg/Lahn 1.

38 Vgl. Deuteronomium 34,4.

39 Tracy Chapman, The Rape of the World, in: New Beginning, Elektra 1995, CD 7559–61850–2.

40 Barbara Basting, Sie betreten jetzt das menschliche Herz. Jane Campion, die Anthropologin hinter der Filmkamera, in: DU. Zeitschrift der Kultur, Zürich Oktober 10/1996, 43.

41 Gotthard Fuchs (Hrsg.), Madeleine Delbrêl, a. a. O., 37.

42 Lockruf des Hirten, Teresa von Avila erzählt ihr Leben, hrsg. von Erika Lorenz, Kösel, München 1999, 176–177.

43 Hermann-Josef Venetz, Von Klugen und Dummen, Waghalsigen und Feigen und von einem beispielhaften Gauner. Gleichnisse Jesu heute. Patmos, Düsseldorf ²1992, 134. Vgl. auch: Hermann-Josef Venetz, Das Buch von der subversiven Hoffnung. Zugänge zur Offenbarung des Johannes, Kanisius, Fribourg 1999, 111.

44 Zit. nach Willi Hoffsümmer/Pater Franz Gypkens. Genaue Quelle nicht auffindbar.

45 Martin Buber, Grenze des Rats, aus: Die Erzählungen der Chassidim, a. a. O., 151.

46 Vgl. Kolosserbrief 3,9–10.

47 Jörg Zink, Dornen können Rosen tragen, a. a. O., 224–225.

48 Thich Nhat Hanh, Das Herz von Buddhas Lehre. Leiden verwandeln – die Praxis des glücklichen Lebens, Herder/Spektrum, Freiburg i. Br. 1999, 55.

49 Caecilia Bonn OSB, Die Spiritualität Hildegards von Bingen. Du führst den Geist in die Weite, Abtei St. Hildegard, Bingen 1997, 9.

50 Ruedi Josuran/Verena Hoehne/Daniel Hell, Mittendrin und nicht dabei. Mit Depressionen leben lernen, Haffmans, Zürich 1999, 112–113. Vgl. auch Liliane Juchli, Bilder einer Depression. Leben mit den Kräften der Tiefe, Kreuz, Stuttgart 1993.

51 Dorothee Sölle, Mystik und Widerstand, a. a. O., 370.

52 Pierre Stutz, Du hast mir Raum geschaffen. Psalmengebete, Claudius, München ⁴1999, 18.

53 Dionysius Areopagita, Ich schaute Gott im Schweigen. Mystische Texte der Gotteserfahrung, übers. von Volkmar Teil, Herderbücherei 1221, Freiburg i. Br. 1985, 65.

54 Josef Sudbrack, Gottes Geist ist konkret. Spiritualität im christlichen Kontext, Echter, Würzburg 1999, 113.

55 Gotthard Fuchs (Hrsg.), Madeleine Delbrêl, a. a. O., 20.

56 Jörg Zink, Dornen können Rosen tragen, a. a. O., 243.

57 Gustavo Gutiérrez, Aus der eigenen Quelle trinken. Spiritualität der Befreiung, Kaiser/Grünewald, München/Mainz 1986, 142–144.

58 Martin Buber, Triebe brechen, aus: Die Erzählungen der Chassidim, a. a. O., 500.

59 Begriffserklärung von Ärger, Wut, Zorn, Hass, in: Verena Kast, Vom Sinn des Ärgers. Anreiz zu Selbstbehauptung und Selbstentfaltung, Kreuz Verlag, Stuttgart 1998.

60 Karl Frielingsdorf, Aggression stiftet Beziehung, Grünewald, Mainz 1999, 9.

61 ebd. 72–74.

62 Verena Kast, Vom Sinn des Ärgers, a. a. O.

63 ebd. 103–104.

64 Richard Rohr/Andreas Ebert, Das Enneagramm. Die 9 Gesichter der Seele, Claudius, München 1989.

65 Konrad Stauss, Neue Identität. Der Individuationsprozeß nach den Seligpreisungen der Bergpredigt, in: Walther H. Lechler, So kann's mit mir nicht weitergehn. Neubeginn durch spirituelle Erfahrungen in der Therapie, Kreuz, Stuttgart 1994, 61.

66 Krzysztof Kieslowski/Krzysztof Piesiewicz, Dekalog. Zehn Geschichten für zehn Filme, Ullstein, Berlin 1997, 13.

67 Thich Nhat Hanh, Das Herz von Buddhas Lehre, a. a.
   O., 32.

68 Noa, Mark of Cain, in: Calling, Geffen Records 1996,
   CD 206424965-2

69 Verena Kast, Abschied von der Opferrolle. Das eigene
   Leben leben, Herder/Spektrum, Freiburg i. Br. 1998.

70 ebd. 23.

71 ebd. 37.38.

72 Peter Schellenbaum, Das Nein in der Liebe. Abgren-
   zung und Hingabe in der erotischen Beziehung, dtv,
   München ¹³1997, 8.

73 Martin Buber, Die Erzählungen der Chassidim, a. a.
   O. 621.

74 Richard Rohr, Von der Freiheit loszulassen – Letting
   go, übers. von Andreas Ebert, Claudius, München
   1990, 56.

75 Christian Feldmann, Thérèse von Lisieux, a. a. O. 135.

76 Pierre Stutz, Alltagsrituale, a. a. O., 93.

77 Heinrich Seuse/Johannes Tauler, Mystische Schriften,
   Eugen Diederichs Verlag, München 1988, 75.

78 Walter Nigg, Das mystische Dreigestirn. Meister Eckhart, Heinrich Seuse, Johannes Tauler, Diogenes, Zürich 1990.

79 Pierre Teilhard de Chardin, Der Göttliche Bereich,
   Walter Olten 1962, 102.

80   Annemarie Schimmel, Wie universal ist die Mystik? Die Seelenreise in den großen Religionen der Welt, Herder/Spektrum Bd. 4484, Freiburg i. Br. 1996, 26.

81   ebd., 27.

82   Dorothee Sölle, Mystik und Widerstand, a. a. O. 275–276.

83   ebd., 277.

84   Pierre Stutz, Staunen. Spiritualität im Alltag, Kanisius, Freiburg Schweiz 1999.

85   Josef Sudbrack, Gottes Geist ist konkret, a. a. O. 377.

86   ebd., 155.

87   James Bugental, Stufen therapeutischer Entwicklung, in: Roger N. Walsh/Francis Vaughan (Hrsg.) Psychologie in der Wende, Zürich 1986, 213/214.

88   Simon Peng, auferstehungsleicht. Der ikonografische Weg von Josua Boesch, noah, Oberegg 1999, 18.

89   Andrej Tarkowskij, Die versiegelte Zeit. Gedanken zur Kunst, zur Ästhetik und Poetik des Films, Ullstein, Frankfurt a.M. 1995, 208.

90   Antoine de Saint-Exupéry, Der kleine Prinz, Arche, Zürich 1983, 72.

91   Peter Schellenbaum, Gottesbilder. Religion, Psychoanalyse, Tiefenpsychologie, dtv, München 1989, 61.

92   Meister Eckhart, Deutsche Predigten, a. a. O. 214.

93 Zit. nach Kurt Ruh, Meister Eckhart. Theologe-Prediger-Mystiker C. H. Beck, München 1985, 162.

94 ebd., 40.

95 Anselm Grün, Verwandlung. Eine vergessene geistliche Dimension, Grünewald, Mainz 1994, 77.

96 Thich Nhat Hanh, Das Herz von Buddhas Lehre, a. a. O., 58.

97 Eric Clapton, unplugged, Time Warner Company 1992, CD 9362-45024-2. Vgl. auch Quenn, Made in Heaven, EMI Records 1995, CD 7243 4 83554 2 3. U2, Pop, Polygram 1997, CD 31452 43342. Wake up Dead Man.

98 Basilius Doppelfield, Lassen, Vier Türme, Münsterschwarzach 1996, 88.

99 Martin Buber, Der Meister tanzt mit, aus: Die Erzählungen der Chassidim, a. a. O., 134.

100 Pier Paolo Pasolini mit Selbstzeugnissen, darg. von Otto Schweitzer, Rowohlt, Reinbek bei Hamburg 1986, 86.

101 Paul Auster, Smoke/Blue in Face. Zwei Filme, Rowohlt, Reinbek bei Hamburg 1995, 55-56.

102 Josef Sudbrack, Gottes Geist ist konkret, a. a. O., 5.

103 Anselm Grün/Gerhard Riedl, Mystik und Eros, Vier Türme, Münsterschwarzach 1993, 56.

104 Roberto Benigni/Vincenzo Cerami, Das Leben ist schön, Suhrkamp TB 2977, Frankfurt a.M. 1998, 195.

105 Henri J. M. Nouwen, Gottes Clown sein. Vom Beten und Dienen, Herder, Freiburg i. Br. 1985, 11.

106 Kurt Marti, Von der Weltleidenschaft Gottes. Denkskizzen, Radius, Stuttgart 1998, 16.

107 Peter Schellenbaum, Die Wunde des Ungeliebten. Blockierung und Verlebendigung der Liebe, dtv, München 1991, 87.

108 Bruno Dörig, Lebenskunst oder vom achtsamen Umgang mit sich, mit anderen und der Natur, Kösel, München 1998.

109 Elisabeth Lukas, Spirituelle Psychologie. Quellen sinnvollen Lebens, Kösel, München 1998, 74.

110 Ignatius, Geistliche Übungen, a. a. O., 15.

111 Vreni Merz, Hinter dem Alltag. Religiöse Sinndeutungen von Menschen unserer Zeit, NZN Zürich 1999, 135–136.

112 Pur, mächtig viel theater, Intercord 1998, CD 7243 8 22616 2 9.

113 Gekürzt nach Elie Wiesel, Geschichten gegen die Melancholie. Die Weisheit der chassidischen Meister, Herder, Freiburg i. Br. 1984, 57–83.

116 Thich Nhat Hanh, Das Herz von Buddhas Lehre, a. a. O., 196.

115 Thich Nhat Hanh, Lebendiger Buddha, lebendiger Christus. Verbindende Elemente der christlichen und buddhistischen Lehren, Goldmann, München 1995, 53.55.

116 Federico Fellini mit Selbstzeugnissen, darg. von Michael Töteberg, Rowohlt, Reinbek bei Hamburg 1989, 112.

117 Aus seinem Tagebuch am 60. Geburtstag. Vgl. auch Briefe an Frauen, hrsg. von Günther Schiwy, Herder, Freiburg i. Br. 1988.

118 Thich Nhat Hanh, Das Herz von Buddhas Lehre, a. a. O., 165.

119 Dom Helder Camara, Mach aus mir einen Regenbogen, Pendo Verlag AG, Zürich 1981, 77.

120 Walbert Bühlmann, Johannes XXIII. Der schmerzliche Weg eines Papstes, Topos TB, Mainz 1996, 65.

121 Etty Hillesum, Das denkende Herz. Die Tagebücher von 1941–1943, Rowohlt, Reinbek bei Hamburg 1998, 176.

122 ebd., 104.115.120.

123 ebd., 113.

124 Urs Eigenmann, „Das Reich Gottes und seine Gerechtigkeit für die Erde". Die andere Vision vom Leben, Exodus, Luzern 1998, 203.

125 Pierre Stutz, Du hast mir Raum geschaffen, a. a. O., 11.

126 Gloria Estefan, Destiny, Sony Music 1996, CD 483932–
    10.

127 Vgl. auch Anselm Grün, Eucharistie und Selbstwer-
    dung, Vier Türme, Münsterschwarzach 1990.

Anmerkung des Verlages

Wir danken den Verlagen und Rechteinhabern für die Erteilung der Abdruckgenehmigungen. Bei einigen Texten war es trotz gründlicher Recherchen nicht möglich, die Inhaber der Rechte ausfindig zu machen. Honoraransprüche bleiben bestehen.

Impulse für die Seele

184 Seiten | Kartoniert
ISBN 978-3-451-07189-8

In der Alltagshektik innehalten und die stärkende Kraft des
Atmens erfahren: Im bewussten Ein- und Ausatmen liegt eine
Kraft, die Kreativität, Entschiedenheit, Beziehungsfähigkeit und
Engagement fördert. Stark sein, im Einklang mit dem eigenen
Rhythmus leben und ein gesundes Zeitmaß finden – dazu helfen
diese Anregungen und Meditationen.

In jeder Buchhandlung!

HERDER

www.herder.de

Ja zu sich selbst!

160 Seiten | Kartoniert
ISBN 978-3-451-07165-2

Pierre Stutz lädt dazu ein, sich selbst mit einem wohlwollenden
Blick anzuschauen, gerade dann, wenn das Leben voller Fragen
ist. Meditationen, Rituale, Segenswünsche lassen spüren: Größer
als jede Verletzung ist die Heilkraft der Seele.

In jeder Buchhandlung!

HERDER

www.herder.de